宮路秀作
代々木ゼミナール地理講師

おもしろすぎる
東大地理

大和書房

はじめに

　地理学とは、事実を積み重ねることで見えてくる「現代世界」の形を探究する学問です。

　「現代世界」の形を探究することで、「なぜ、そうなったのだろうか?」という疑問が生じ、そこで歴史を紐解きます。そして、その経緯を理解することで、未来を考える動機が生まれるのです。先人たちが連綿と紡いできた歴史の中に地理を観る、そして地理の積み重ねに歴史を感じる。地理学とはまさに、空間と時間を往還しながら新たな視点を生み出す学問といえます。

　今回、東京大学前期試験において受験科目として設置される地理(以下、「東大地理」)から現代世界を紐解くという趣向にて、書籍を書く機会を頂きました。本書では、地理学が現代社会の課題解決や未来を考える力にどのように貢献できるかを探っていきます。

　東大地理の特色としてまず挙げられるのは、その扱う内容の意外性ではないでしょうか。これまで取り上げられた内容には、「乳糖耐性」「地下鉄」「人新世」「人獣共通感染症」「窒素排出量」「PM2・5」など、一見すると「地理なの?」と首をかしげたくなるようなものが並びます。

　「そんなの高校地理の教科書に載ってるの?」と聞かれれば「載ってません!」としか答えようがありませんが、「それでも地理なの?」と問われれば、「地理です!」と胸を張って答えることができます。では、「どうやって解くの?」と聞かれたら、私ならこう答えます。

「基礎的な知識をもとに、空間を分析すべし!」と。

ここでいう「基礎的な知識」とは、地形や気候、農業や鉱工業、人口、都市・村落、交通、通信など、もちろん教科書に載っている内容そのものです。しかし「学び」とは、これらの知識を、ただ暗記して終わるものではありません。それを出発点として空間を分析するための「素材」としなければなりません。よって、東大地理では出題者が何を意図し、どんな視点で問いを立てているのかを想像することが求められます。つまり、それは**「地理的想像力」**といえます。

たとえば、「乳糖耐性」の問題では、乳糖を分解する能力が地理的にどのように分布しているかを考察する必要があります。その背景には、牧畜文化の発展や歴史的な食生活の変化が関わっているので、特定の地域でこの能力が優勢となった理由を解き明かすためには、地理的・歴史的な視点が欠かせません。また「人獣共通感染症」の問題では、感染症の発生源となる地域の地理的特徴、動物と人間の接触が増える土地利用の変化、国際的な人や物の移動パターンとの関連付け、さらには気候変動なども合わせて考える必要があります。これらの要素を総合的に読み解くことで、感染拡大のメカニズムという「景観」が浮かび上がってくるわけです。

このことからも分かるように、因果関係というものは、必ずしも「原因」と「結果」が一対一で対応するわけではありません。「結果」から遡って「原因」を一つに絞り込むのではなく、複数の事象を組み合わせて多面的に分析し、どのような結果が導き出されるか想像しなければならないのです。

だからこそ私は、「地理的想像力」だと考えているわけです。

このような「地理的想像力」を働かせる面白さが、東大地理にはあります。

本書は4つの章で構成されています。

第1章「『人類と地球環境』最前線!」では、人間活動が地球環境に与える影響を多面的に考察します。感染症や気候変動、食料問題といった現代社会の課題を地理学の視点で分析し、人間と自然環境の相互作用を理解する力を養います。

第2章「『世界経済』は東大地理で学べ!」では、金属資源や天然ガス資源の分布、アメリカ合衆国の経済構造、世界各都市の地下鉄ネットワークなどを通じて、資源やインフラがどのように世界経済を動かしているかを紐解きます。地理的視点を活用して、グローバルなつながりと対立の構造を理解します。

第3章「日本が抱える課題と、未来の可能性」では、日本の地域ごとに異なる社会・経済状況の課題を具体的に取り上げ、それらの背景や変化を地理的に分析します。人口動態や地域特性の理解を深めることで、未来の可能性を考える視点が得られます。

第4章「25年前にタイムスリップ! 世界はどう変わったか」では、およそ四半世紀前の入試問題を通じて、当時の時代背

はじめに

景を探りつつ、現在に至るまでの変化を理解します。さらに、過去と現在を比較することで、未来を予測するヒントを見つけます。

　地理学（Geography）とは、「地域を（geo）」「描く（graphia）」というラテン語に語源を持ち、まさしく空間認識のための学問です。地理学では、自然環境や人間生活を行ったり来たりしながら、そこに存在する「理（ことわり）」を紡ぎ、物語を描き出します。つまり、地理学とは文理融合の学問といえるのです。そして、それらの物語が織りなす空間を「景観」と呼びます。本書では、地理学の多様なテーマを通じて、この「景観」を読み解き、未来へのヒントを探ります。文理融合の学問であるからこそ、自然と社会を結びつけるだけでなく、私たちが生きる世界をより深く理解できます。

　本書を通じて、「地理学ってこういう学問なんだね！」と、読者のみなさまの蒙を啓くきっかけとなることを期待しています。

宮路秀作

目次

はじめに ……………………………………………………………… 002

第1章 「人類と地球環境」最前線！

1-1 人類は「新時代」に突入した!? 話題の用語「人新世」を学ぶ

（2023年度第1問設問A）…………………………………… 014

東大も取り上げる最新用語「人新世」………………………… 014
大きな生態系の変化を起こした「コロンブス交換」とは？……… 017
産業革命が与えた「すごいインパクト」………………………… 020
軍拡競争の激化、大量消費、エネルギー革命 ………………… 022
「コンクリート＆プラスチック時代」の幕開け ………………… 023

1-2 「感染症」の発生リスク増加中！ 人と動物は共生できるのか？

（2022年度第1問設問A）…………………………………… 026

急速に拡大する「人獣共通感染症」…………………………… 027
シルクロードは「感染症」も運んでいた！……………………… 028
地球は、どんどん「せまくなってきた」………………………… 030
ワイン生産は、どう広まったか ………………………………… 031
地球温暖化と感染症 …………………………………………… 032
とんでもなく広いアジアの地域性 ……………………………… 034
今、求められる「One Health」アプローチ …………………… 037

1-3 気候変動による災害増加！「熱帯低気圧」を学ぶ（2018年度第1問設問B）………… 039

台風、ハリケーン、サイクロンはどう違うのか？ ………………… 040

貿易風と偏西風………………………………………………… 043

なぜ、南米大陸周辺で熱帯低気圧が発生しないのか……………… 045

気候変動に警鐘を鳴らした、ある映画…………………………… 047

1-4 「食」を見れば「経済・環境・文化」がわかる！
（2020年度第2問設問A）………………………………………… 052

「動物性食品」が環境に与える影響……………………………… 053

日本のカロリー摂取が、どんどん減っているワケ ……………… 055

食文化は、地域の自然環境に最適化したもの …………………… 058

後からやってきたヨーロッパ人が伝えた食文化 ………………… 060

畜産業の拡大と環境負荷………………………………………… 062

第2章 「世界経済」は東大地理で学べ！

2-1 半導体、EV ——「レアメタル」をめぐる世界の思惑
（2011年度第2問設問B）………………………………………… 068

日常生活におけるレアメタル…………………………………… 069

レアメタルの埋蔵分布の特徴と供給リスク ……………………………… **070**

「外交カード」として利用される資源 ……………………………………… **072**

ニューカレドニアのニッケル採掘 ………………………………………… **073**

電気自動車とレアメタル …………………………………………………… **077**

EV推進の皮肉 ……………………………………………………………… **078**

半導体需要の増大とレアメタル…………………………………………… **079**

2-2 クリーンエネルギーとして注目！
「天然ガス資源」を学ぶ (2024年度第1問設問B)………… **081**

クリーンエネルギーとしての天然ガス…………………………………… **082**

シェール革命とフラクチャリング ………………………………………… **084**

ソビエト崩壊後の「ロシアの国家戦略」とは？………………………… **085**

石油に依存する経済構造からの脱却 ……………………………………… **087**

陸はパイプライン、海はLNG船 ………………………………………… **090**

シーレーンを確保せよ……………………………………………………… **094**

ロシアによるウクライナ侵略以降の動向………………………………… **095**

2-3 揺れ動くアメリカ合衆国！
「産業構造の変化」と未来 (2022年度第2問設問A) …… **099**

東部13植民地から始まったアメリカ合衆国の歴史 …………………… **100**

アメリカ産業構造の転換…………………………………………………… **101**

シリコンバレー誕生！……………………………………………………… **105**

高齢化率ナンバーワンは、意外なあの国………………………………… **108**

産業の衰退とインナーシティ問題………………………………………… **112**

目次

アメリカでヒスパニックが増加した理由……………………………… **114**

2-4 **欧米、日本、アジア**
── それぞれの経済発展と「地下鉄」
（2024年度第3問設問B）………………………………… **117**

地下鉄は、なぜ生まれたのか?……………………………………… **118**
世界でもかなり早かった!　日本の地下鉄開通……………………… **120**
ロサンゼルスに地下鉄が不要だったワケ…………………………… **123**
アジアに地下鉄が普及した理由 …………………………………… **126**
急速な経済成長を遂げたアジアと地下鉄…………………………… **129**

第3章 **日本が抱える課題と、未来の可能性**

3-1 **戦後から現代、**
日本の「製造業」はどう変わったか?
（2017年度第3問設問B）………………………………… **132**

4県の主要業種の変遷……………………………………………… **133**
大阪府の「地域性」………………………………………………… **134**
北海道の産業変化………………………………………………… **136**
日本有数の工業地域「千葉県」…………………………………… **137**
産業の空洞化……………………………………………………… **139**
地域別産業構造の変化と出荷額減少の背景 ……………………… **141**

9

3-2 知っているようで知らない「半島」の秘密
(2019年度第3問設問B) ……………………………………… 144

半島には「地の利」がある ……………………………………… 146
都市の郊外化と高齢化するニュータウン ……………………… 147
産業構造の転換と社会資本の発展 …………………………… 150
下北半島のこれまで …………………………………………… 152
半島がもつ「メリットとデメリット」…………………………… 154

3-3 変わりゆく東京郊外から、「日本の未来」を考えよう (2022年度第3問設問A) ……… 159

周辺よりも一段高い高燥地 …………………………………… 161
飛行場から通信所、そして大学キャンパスへ ………………… 164
広域経済圏と21世紀版都市の郊外化 ………………………… 165
高齢化するニュータウン ……………………………………… 166
スマートシティという可能性 ………………………………… 170

3-4 「くだもの」から見えてくる社会と経済
(2022年度第3問設問B) ……………………………………… 175

「ご当地ゆるキャラ」の流行 ………………………………… 176
日本各地の果樹生産 …………………………………………… 177
東京都でブルーベリーの収穫が盛んな理由 ………………… 182
みかんの「特異な動き」の原因 ……………………………… 184
近年、りんごの輸出量が増加している……………………… 188

目次

**第4章　25年前にタイムスリップ！
世界はどう変わったか**

4-1　世界と日本の貿易は、どう変わってきたか
（1998年度第2問設問A）……………………………… **194**

経済規模と貿易依存度 ……………………………………………… **195**
日本の貿易依存度 …………………………………………………… **198**
「ドイツ・フランス・オランダ」の貿易依存度 ………………… **201**
「ブラジル、アルゼンチン、オーストラリア」の貿易依存度 ……… **203**
中国の急成長と課題…………………………………………………… **205**

4-2　「当時」の発展途上国のその後を追う
（2000年度第2問）…………………………………………… **207**

先進国と発展途上国 …………………………………………………… **208**
1人あたり所得水準の4区分 ………………………………………… **210**
中所得国の罠…………………………………………………………… **211**
アフリカ諸国とラテンアメリカ諸国………………………………… **212**
急激に変わったタイとマレーシア …………………………………… **214**
植民地支配を受けた国と受けなかった国 ………………………… **218**

4-3　先進国と発展途上国、それぞれの人口問題
（2002年度第2問）…………………………………………… **222**

インドと中国の人口動態 ……………………………………………… **222**
アメリカ合衆国とドイツの出生率…………………………………… **225**

目次

2015年欧州難民危機がもたらしたもの ……………………………… **229**

多産多死型から多産少死型へ………………………………………… **231**

フィリピンの地域性……………………………………………………… **233**

中国の一人っ子政策と移民大国アメリカ…………………………… **235**

少子高齢化と人口ピラミッド…………………………………………… **237**

4-4 **日本の産業はどう変わったのか？**
（2003年度第3問）………………………………… **241**

日本の産業構造は「1973年」に変わった ………………………… **242**

日本の「失われた30年」……………………………………………… **243**

大量に水を使用する産業 …………………………………………… **246**

熊本県が半導体産業に有利なワケ ………………………………… **249**

水使用量は減少傾向 ………………………………………………… **251**

おわりに ………………………………………………………………… **255**

＊本書に掲載している問題文は「東京大学第2次学力試験問題」より引用しました。問題文は原本に準拠しておりますが、一部表記は読みやすさに配慮して、編集部にて変更を加えております。また、本書の解答例は筆者が作成したものであり、東京大学が公表したものではありません。

「人類と地球環境」最前線!

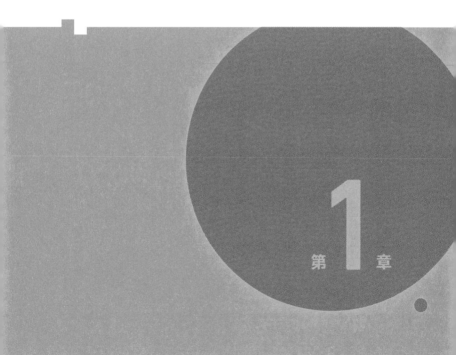

第1章

1-1

人類は「新時代」に突入した!?
話題の用語「人新世」を学ぶ

（2023年度第1問設問A）

設問A 　地球の地質時代は、地層に残された地球規模の変化の証拠によって区分される。たとえば、今から約6600万年前の白亜紀の終わりは、地球に隕石が衝突したために高濃度のイリジウムが含まれる地層と、恐竜などの生物が大量に絶滅した層準で定義される。

　人間活動が、地球に対し地層にも残るような広範なインパクトを与えていることから、現在を「人新世」という新しい地質時代に区分する提案が、最近なされている。人新世のはじまりの時期は、16世紀とする意見、18世紀後半とする意見、1950年代とする意見などがあった。いずれの時期を人新世の開始とするにしても、全地球的な証拠が地層中に残されることが必要であることに留意して、以下の問いに答えよ。

東大も取り上げる最新用語「人新世」

　最近、ちょくちょく見聞きするようになった「人新世（じんしんせい、ひとしんせい）」という用語、ついに2023年度の東大地理にて取り上げられました。これは人類の活動が地球環境に大きな影響を与え始めた時代、そしてそんな新たな時代に突入したという認識が広まっていることで提唱された、地質時代の名称です。

　当然ですが「人新世」は日本語訳が充てられた言葉であり、元は

「Anthropocene」というギリシャ語由来の言葉です。ギリシャ語で「人間」を意味する「ἄνθρωπος（anthropos）」と「新しい」を意味する「καινός（kainos）」を組み合わせて作り出された造語であり、**「新しい人間の時代」**を意味します。

　地球科学の分野には「地質学」があり、これは地球の構造や歴史を研究する学問です。地層の形成や火山活動、岩石、鉱物の研究などが含まれます。原油や天然ガスなど鉱産資源の埋蔵の発見、地震や火山活動の予測などに関わりがあり、地質時代を通じた地球環境の変化を研究することで、気候変動への理解を深めることができます。私が修めた地理学においても、地質学の知見を借りて、地形の形成や自然災害、そして環境の変化について探究していきます。

　地質学が発展するきっかけとなった出来事の一つとして、ウィリアム・スミス（イギリス、1769〜1839年）の貢献が挙げられます。彼は19世紀初頭に、地層がそれぞれ異なる化石を持つことに気づきました。そして1816年、「特定の化石は、ある一定の時代の地層にのみ含まれるため、含有化石によって時代を特定することができる」とした**地層同定の法則**を主張しました。
　この法則では、**化石の含まれる地層は、どこでも同じ順序で存在する**という点が重要で、**遠く離れた場所であっても同じ化石を含む地層があれば、それが同じ時代に形成された**と捉えます。スミスはこの法則を元に、イギリス全土の地質図を作成しました。

　ウィリアム・スミスの地層同定の法則は、1669年にニコラウス・ステノ（デンマーク、1638〜1686年）が提唱した**地層累重の法則**を基盤に発展しました。地層累重の法則は、下位の地層が上位の地層より古いことを示すものであり、これによって地層の時間的順

序が明らかになりました。スミスはこれに加えて、化石を用いた地層同定の法則を提唱し、異なる場所でも同じ化石が含まれる地層が同時代のものであることを証明しました。

この法則により、地質学のさらなる発展が促進され、地層の順序を研究する層序学へと発展していきます。ちなみに、ここでいうウィリアム・スミスは、ウィリアム・スミス・クラーク（いわゆる「クラーク博士」）とは別人物です。

さて、**地質時代とは地球の歴史を大きな時間スケールで区分**したものです。地球が誕生したおよそ46億年前からを「先カンブリア時代」といい、およそ5億4000万年前まで続きます。その後は古生代（5億4000万年前〜2億5000万年前）、中生代（2億5000万年前〜6600万年前）、新生代（6600万年前〜現在）と区分します。

こうした「〇〇代」を細かい時間スケールで「〇〇紀」、さらに細かく「〇〇世」と区分します。

新生代は「古第三紀（6600万年前〜2300万年前）、「新第三紀（2300万年前〜258万年前）」、「第四紀（258万年前〜現在）に細分され、さらに「第四紀」は「更新世（258万年前〜1.17万年前）」と「完新世（1.17万年前〜現在）」というように、2つに区分されるのがこれまでの定義でした。

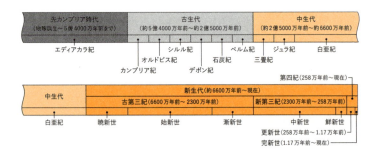

問題文で示されている「人新世」は、人類の活動が地球環境に大きな影響を与え始めた時代のことであり、その結果、地層に残された物理的な証拠を基準としています。

　問題文中に、「16世紀とする意見」「18世紀後半とする意見」「1950年代とする意見」とありますので、「人類の活動が地球環境に大きな影響を与え始めた時代」がどこを基点とするかは議論の余地があるということでしょう。

　例えば、16世紀の大航海時代では**植民地拡大による生態系の変化**、18世紀後半の産業革命では**化石燃料の大量使用**、そして1950年代には**核実験**や**プラスチックの大量生産**などが地層に明確な痕跡を残しています。これらの要素から「人新世」の始まりについて議論がなされているわけです。

　問題文中にある「全地球的な証拠が地層中に残される」という観点を踏まえて、16世紀、18世紀後半、1950年代、それぞれの時代背景がどのように地球規模の環境変化を引き起こしたのかを探ってみましょう。これらの時代背景は、いずれも人類の活動が自然環境に強い影響を与えたことを示しており、「人新世」をどこから始めるかを考える上で重要な要素となっています。

大きな生態系の変化を起こした「コロンブス交換」とは？

1　人新世の開始時期を16世紀とする意見は、それまで別の地域に分かれて分布していた動物や植物が、この時期に全地球的に広がったことが、湖の堆積物や遺跡の記録から明らかになったことに基づいている。どのような動物や植物が、どのような過程で全地球的に広がったのか。具体的な動物と植物の例を1つずつあげて、2行以内で述べよ。

「16世紀とする意見」は、大航海時代にともなうヨーロッパ諸国の植民地拡大や、それによる人、物、金の移動が環境に与えた影響を捉えたものと考えられます。この時代、クリストファー・コロンブスの新大陸発見やメルカトル図法の発明に加え、マゼランの世界一周、コルテスによるアステカ帝国の征服やピサロによるインカ帝国の征服といった探検や征服活動が展開されました。

　これらの出来事により、ヨーロッパ、南北アメリカ、アフリカ、アジアの間で生物や作物、そして病原体までもが新たに交換される現象が発生し、この現象は後に「コロンブス交換」として知られるようになります。コロンブス交換により、ヨーロッパからは馬などの家畜が新大陸へ、反対に新大陸からはトウモロコシやジャガイモがヨーロッパにそれぞれもたらされ、全地球的な生態系の変化が起きました。

　ヨーロッパ北部では、最終氷期（およそ7万年前〜1万年前）に北緯50度以北を目安に広がっていた大陸氷河の侵食による影響で腐植層が薄く、穀物栽培が困難な地域が広がっていました。そんな貧しい土地が広がるドイツ北部では、エンドウ豆やそばの実、黒パンなどを食べていたといいます。そして新大陸よりもたらされたのがジャガイモでした。ジャガイモはアンデス地方が原産地であり、貧しい土地でも育ちます。しかし、ヨーロッパにもたらされたジャガイモはその形のいびつさから気持ち悪がられ、持ち込まれた当初、ドイツ人はお気に召さなかったようです。

　とはいえ、貧しい土地でも育つジャガイモはドイツ人にとって重宝されるものであり、プロイセン王フリードリヒ2世が率先してジャガイモを食べたことで国民食へと昇華したという説があります。実際はルドルフ・ツァハリアス・ベッカが書いた『農民のための生活の手引き』という書籍によってジャガイモの調理法が普及したことで、ジャ

ガイモが家庭料理に用いられるようになったようです。いつの時代にも、「〇〇兄さんのバズレシピ」みたいなものがあるのですね。

　さらに、ヨーロッパの食生活や農業がアメリカ大陸からもたらされた作物により劇的に変化したのと同時に、病原体の伝播も深刻な影響を与えました。例えば、天然痘はヨーロッパからアメリカ大陸へと伝わり、先住民に甚大な被害をもたらしました。コロンブスから見れば「抵抗者」である先住民の多くが天然痘で命を落とし、また征服者たちが馬を乗りこなして攻めるなど、これが新大陸の征服を可能にした要因の一つとなりました。これらの生物や病原体の移動が、地球全体の環境や人類の歴史に与えた影響は非常に大きく、現代の世界の姿にまで繋がっていきます。

　コロンブス交換は、16世紀の植民地化や探検が生態系や農業に大きな変革をもたらしたことを示す重要な概念です。人類の移動や交易によって、動植物や病原体までもが大陸を越えて広がり、地球全体の環境に劇的な影響を与えました。そして、湖底の堆積物や泥炭層には、ヨーロッパから新大陸へ移入された動植物や作物の花粉、種子の痕跡が確認されています。また、考古学的な遺跡や遺骨の調査から、病原体の痕跡や影響が確認されており、こうした発見が、人類の活動による環境変化を裏付ける証拠となっています。これらのデータが、16世紀を人新世の始まりとする根拠の一つとなっているわけです。

> **1の解答例**　大航海時代を経て新大陸を原産とするトウモロコシやジャガイモがヨーロッパへ、馬などの家畜が新大陸へとそれぞれもたらされた。（60字）

産業革命が与えた「すごいインパクト」

2　人新世の最初の提案は、その開始時期を18世紀後半とするものだった。しかし、この案はその証拠が全地球的に同時期に起こったわけではないことから、候補からはずされている。開始時期を18世紀後半とする意見は、どのような人間活動と証拠に基づくものであったのか。2行以内で述べよ。

「**18世紀後半とする意見**」は、「イギリスを中心に広がった」産業革命が議論の中心にあります。ジェームズ・ワットの蒸気機関の改良により、蒸気機関車や蒸気船が生まれ、燃料である石炭の消費量が一気に増加しました。特に、**ジョージ・スティーブンソンが蒸気機関車を運行させたことで、時間距離や経済距離が小さくなって経済空間が広がると、経済活動が急速に発展しました。**しかし、石炭を燃料とする産業の発展が大気中の二酸化炭素濃度を上昇させました。それが環境に大きな影響を与えるようになり、この時代の地層中に、その痕跡を見ることができます。

この頃のイギリスでは、マンチェスターやロンドンといった都市が急速に拡大し、人口の急増にともない住宅や工場が乱立していきます。工場から排出される煤煙や汚染物質は、呼吸器疾患を引き起こし、都市住民の健康にも悪影響を及ぼしました。

また、テムズ川などの河川は、工場廃水や生活排水によって深刻な水質汚染が進行し、都市の衛生状態が悪化しました。さらに第二次世界大戦でのロンドン空襲などによって壊滅的に破壊されますが、1950年代には復興を遂げます。

そこで突然転機が訪れます。アメリカ合衆国の起業家マルコム・マクレーンが大型コンテナによる輸送を始めたのをきっかけに、

1960年代になると、荷役時間の短縮、それにともなう貨物船の定時運航が実現し、輸出入の拡大は工場の海外移転を促していきました。鉄製やアルミ製のコンテナの登場は、物流コストを大幅に削減をして**物流革命**と呼ばれ、特に**1960年代はコンテナ輸送が瞬く間に物流輸送の中心となった時代**でした。

　ロンドンの港湾はテムズ川沿いにあるため、水路が狭くコンテナ船に適していなかったこと、労働組合の声などもあって物流革命の波に乗ることができませんでした。これを受けて、1980年代より荒廃した工業地域の再開発が行われると、住宅地や商業地が集積する現在のドックランズ（ウォーターフロント再開発地区）が誕生します。

　産業革命の余波は、遠く離れた日本にもやってきました。1853年、マシュー・ペリーが蒸気船を利用して来航し、開国を迫ったことで日本は大きな転換期を迎えていました。この出来事は、日本社会を大きく揺さぶり、長らく続いた鎖国体制を崩壊させ、明治維新への道筋をつけました。明治維新以降、人口増加にともなう住宅地の拡大、富国強兵と産業の発展によって鉄道や製鉄所が建設されていきます。これによって森林伐採や鉱山開発が進み、山岳地帯では生態系の破壊、水資源の涵養機能を失ったことによる土砂の流出や洪水などが発生しました。

　このように、産業革命によって技術が進歩し、それにともなって社会や自然環境が劇的に変化したことが、18世紀後半を人新世の始まりと考える理由になっているようです。しかし、**こうした産業革命による環境の変化が全世界的に発生したわけではない**ことは明らかです。産業革命によって世界は帝国主義時代へと突入し、植民地争奪戦が繰り広げられるようになるわけですから、問題文中にある、「この案はその証拠が全地球的に同時期に起こったわけではないことから、候補からはずされている」ことが理解できます。

> **2の解答例** イギリスから始まった産業革命により石炭利用が拡大すると、二酸化炭素排出量が増加し、その痕跡が地層中に広く確認されている。（60字）

軍拡競争の激化、大量消費、エネルギー革命

> **3** 人新世の開始時期について検討した地質学者のグループは、放射性物質のピークが地層中に認められることから、開始時期を1950年代とする提案をまとめた。1950年代に放射性物質のピークが現れる理由を、1行で述べよ。

「1950年代とする意見」では、まず注目すべきは核実験の痕跡です。この時代は米ソによる軍拡競争が激しかった時代です。競って核兵器の開発と実験を行い、その過程で大量の放射性物質（炭素14やストロンチウム90など）が大気中に放出され、それが雨などで地表に落ちて地層に蓄積されました。**この放射性物質が地層に残ることで、地球全体に広がる形で記録されます。**将来、地質学者がその地層を調査するさい、これらの放射性物質の痕跡を確認することで、1950年代以降の人類活動が地球に与えた影響を特定できる、いわば「人類の時代のしるし」として残るわけです。

さらに、この時期は社会における大量消費が加速した時代でもあり、産業活動の拡大と都市化が急速に進行しました。前述の物流革命もその一つです。その結果、温室効果ガスの排出量が増加し、気候変動の兆候が現れ始めました。

また、この時期には**エネルギー革命**も進行していました。特に、産業革命以降、主力だった石炭から、石油や天然ガスへの依存が急速に拡大しました。石油や天然ガスは、石炭よりも輸送効率や燃焼効率が良く、加えてオイルメジャー（国際石油資本）の登場で石油の大量生産が可能となったことが背景にあります。これにより**石油価格が低下し、安価なエネルギーとして利用が拡大**しました。

つまり、エネルギー革命は輸送手段の革新や製造業の拡大を後押しし、その結果として、大気中の二酸化炭素濃度を上昇させ、環境汚染の悪化を顕著なものにしたわけです。これらの要素が組み合わさり、人新世の始まりを「1950年代とする意見」の背景といえます。

> **3 の解答例**　冷戦期の軍拡競争を背景に、放射性物質が地層中に蓄積したから。（30字）

「コンクリート&プラスチック時代」の幕開け

> **4**　図1-1のA〜Cは、人新世の地層に残る可能性のある、人間が作った物質の、積算生産量を示したグラフである。いずれも1950年以降急激に増加していることが分かる。3つは以下のどれか、A-○のように答えよ。
>
> 　アルミニウム　コンクリート　プラスチック

> **5**　(4) の物質は、いずれも経済活動の加速によって1950年以降生産が急激に増加した。このうち、プラスチックの生産の増加がひきおこした環境問題を2行以内で述べよ。

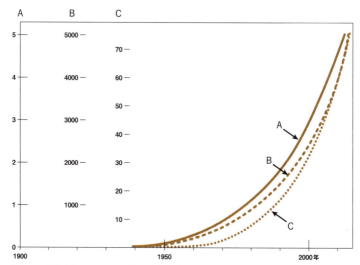

図1-1 人間が作った3つの物質の積算生産量。縦軸の数字の単位は億トン。A、B、C それぞれのスケールは異なっている。Watersら（2016）による。

　車社会の到来は、舗装道路を増やし、都市部で生活する人たちが見る「地面」は、ほとんどがアスファルトになっていきました。<u>**アスファルトは都市化と車社会の進展の象徴**</u>ともいえます。都市化の進展はコンクリートの生産量を増加させました。都市化の進展により高層ビルや住宅地の建設が急増し、コンクリートが都市インフラの基本素材として採用されました。また、インフラ整備の需要増加で、道路や橋、ダムなどの建設が進んだことも一因です。第二次世界大戦後の復興では、各国が都市再建にコンクリートを多用しました。コンクリートの耐久性と利便性がその普及を後押ししたといえます。

　また<u>**1950年代以降は、プラスチックの大量生産と消費が進んだ時代**</u>でもありました。
　プラスチックは、採掘された原油を精製するさいに得られるナフ

サを原料とします。ナフサは液体の状態で、高温の炉（800℃以上）に送られると「熱分解反応」を起こし、プラスチックの基礎材料となる気体の化学製品、例えばエチレンやプロピレンが生成されます。これらの物質は、水素と炭素が結びついた分子「モノマー」と呼ばれ、これを多数つなげることで、ポリエチレンやポリプロピレンといったプラスチック原料が作られます。これにより、石油由来の基礎材料がプラスチックに変わる工程が完了します。

　こうして完成したプラスチックは分解されずに地球全体に散乱し、恒久的な痕跡として自然環境に残っています。海洋に大量のプラスチックごみが浮遊していることなどは好例です。プラスチックは食品包装から自動車産業まで広範囲にわたって普及し、自然界には存在しない新しい化学物質が地球に影響を与え始めたと考えるわけです。

　図1−1を見ると、CがAとBに追いついてきており、世界的にプラスチック使用量を減らす取り組みが行われています。その是非は別にして、日本でもプラスチックストローの規制、レジ袋の有料化によるエコバッグ使用の推進などが散見されます。

---

4 の解答例
A−アルミニウム　B−コンクリート　C−プラスチック

---

5 の解答例　プラスチックの製造過程における二酸化炭素の排出や、プラスチックごみの増加で土壌や海洋の汚染、生態系の破壊が発生する。（60字）

1-2 「感染症」の発生リスク増加中！人と動物は共生できるのか？

(2022年度第1問設問A)

設問A

　人獣共通感染症とは、人とそれ以外の動物の両方に感染または寄生する病原体により生じる感染症である。人獣共通感染症の発生件数は、1980年代から2000年代にかけて4倍に増加しており、その背景には、a) 動物性タンパクの需要増加と畜産の拡大、b) 人と野生動物との接触機会の増加、c) 土地利用形態の変化、d) 地球温暖化、などが要因として挙げられている。

　これらの要因の関係をモデル化し、野生動物に由来する人獣共通感染症の発生リスクを示したのが図1-1である。分析が行われた2017年時点で、野生動物に由来する人獣共通感染症が発生しやすい地域が可視化されている。

図1-1 Allenほか、2017による。

急速に拡大する「人獣共通感染症」

　人獣共通感染症とは、人間と人間以外の脊椎動物の双方が罹患する感染症のことです。例えば、**黄熱やオウム病、狂犬病、鳥インフルエンザ、エボラ出血熱、エイズ、そして新型コロナウイルス感染症**などが該当します。

　この問題が出題されたのが2022年2月のことですから、新型コロナウイルスが引き起こす感染症（COVID-19）が感染症法による分類で5類に引き下げられる（2023年5月8日に引き下げ）以前のことです。新型コロナウイルス（SARS-CoV-2）は2019年12月31日、中国の武漢にて最初に報告されました。以後、新型コロナウイルス感染症は瞬く間に世界を駆け巡り、多くの死者を出しました。新型コロナウイルスが海鮮市場で動物から人間へと伝染し、そして人間から人間へと感染したと中国当局が発表していますので、新型コロナウイルスが引き起こす感染症も人獣共通感染症であると考えられます。

　人獣共通感染症は、過去数十年間で急速に拡大しており、その背景には、**動物と人間の生活圏が重なり合うようになった環境変化**が深く関係しています。

　そもそも論として、感染症の拡大は世界人口の増加が根本的な要因です。特に20世紀後半は、1950年の25億人から、2000年の60億人にまで増加しており、「人口爆発」と称されるほど世界人口が急増した時期でした。そして、HIVやエボラ出血熱、豚インフルエンザなど、過去50年間でおよそ40種の感染症が見つかっています。15か月に一つという割合です。

　熱帯林の破壊や砂漠化なども、結局は人口増加による食料やエ

ネルギーの需要増大によるものです。人口増加にともない、都市化の進展や農地の拡大によって人間が野生動物の生息地に侵入するケースが増えたことが、病原体の伝播を助長しているといえます。

つまり、「人間社会と野生動物との境界が混乱している」といえます。また、気候変動によって野生動物の生息地が変化し、新たな地域での人間との接触が増えることで、従来存在しなかった感染症のリスクが生まれます。

これらの要因は、地理学の視点から見ると、特定の国や地域においてより高いリスクを生むことがわかります。それは図1-1からも明らかです。例えば、アフリカやアジアの一部地域では、自然環境の変化と人口密度の増加が相まって、人獣共通感染症の発生率が高くなっています。こうした地域は、気候変動の影響を受けやすく、また農業や牧畜が主要な産業であるため、動物との接触が多いことも感染症のリスクを高める要因となっています。

シルクロードは「感染症」も運んでいた！

人類が農業を始めたのはおよそ1万年前、「肥沃な三日月地帯」、いわゆるメソポタミア地方での小麦栽培だったといいます。それは最終氷期が終了し、地球が温暖化したことが要因でした。食料生産によって食料供給量が安定すると可容人口が増え、実際に人口が増加し始めます。およそ1万年前、地球上の人口は500万人程度だったといわれますが、西暦1年頃には2億5000万人にまで増加しました。

しかし、人類が農業を開始する以前は、獲得経済期の時代が長らく続いていました。獲得経済とは、自然界から食料を獲得し、供給することです。もちろん必ず獲得できるわけではないため、人類

はいつもお腹を空かせており、水と食料を求めて絶えず移動していました。日本においても、至るところで貝塚が見つかっています。そして狩猟生活においては野生動物と接触し、それを食すことで感染症に罹患する脅威が常に存在していました。また絶えず移動していたため、離れたところへも感染症の脅威をもたらしました。

農業の開始は食料供給が安定しただけでなく、「豊水地」「安全」「日当たりの良さ」などの自然条件を求めて集落を形成していきました。つまり**定住化**が進んだわけです。これによって水を介して感染症が流行したといいます。マラリアなどがその事例です。

そして地球上の各地で孤立していた人間社会は、交易によって交流が始まったことで感染症の拡大に繋がりました。つまり、**シルクロードは「絹」だけでなく「感染症」も運ぶ交通路**だったということです。

> **1** 人獣共通感染症の増加の要因のうち、上記のa)～d)以外の社会経済的要因を1つ答えよ。

過去の東大地理の問題を見ると、**「社会経済的要因」**という言葉が結構な頻度で登場します。人獣共通感染症の増加の社会経済的要因を答える問題ですが、「社会経済的」とあるため、人間から人間へと感染した要因について言及する必要があります。もちろん、それを助長したのが交通機関の発達が背景と考えます。

> **1の解答例** 交通の発達によって貿易や旅行など人間の接触機会が増加した。

地球は、どんどん「せまくなってきた」

「せまくなる地球」という言葉があるように、現代世界においては、交通機関の発達で1000年前では考えられないような、遠隔地への短時間での移動が可能となりました。**人間の移動によって、原産地ではない場所でも農作物が栽培されるようになり、その栽培に従事するために人間が強制連行されるようになっていきます。**それにともなって感染症が拡大し、残念ながら命を落とした先人たちの死屍累々の上で医学は進歩してきました。

1492年、クリストファー・コロンブスが中央アメリカのサン・サルバドル島へと上陸しました。いわゆる「新大陸の発見」です。これによって多くのヨーロッパ人が新大陸を目指していきますが、天然痘やチフス、はしかといった病原菌も一緒に持ち込まれました。こうして新大陸では感染症が大流行し、多くの死者を出しました。さらにヨーロッパ人による先住民の虐殺、エンコミエンダ（先住民労働力の利用制度）の導入による強制労働なども加わり、実に先住民の90％が死亡したといわれています。

「経済は土地と資源の奪い合い」

地理や歴史を学ぶことで、これに気づきます。

産業革命期、蒸気機関の改良は蒸気船、蒸気機関車を生みだし、遠隔地へ短時間で大量に物を運ぶことが可能となりました。これによって本格的な貿易が始まると、新大陸より安価な穀物がヨーロッパ市場へと送られてきます。新大陸での農業は大農法が基本ですので、大量生産を可能にし、価格の低下を実現しました。こうして安価な穀物がヨーロッパ市場にやってくると、ヨーロッパの農家にとっては大打撃となり、後に農業経営が分化して専門性を高めるよ

うになっていきます。この時に誕生したのが、**商業的混合農業や酪農、園芸農業**です。

ワイン生産は、どう広まったか

一方、地中海沿岸地域では夏に少雨となる**地中海性気候**が展開するため、太陽の恵みを利用したブドウ栽培が行われており、それを原料にしたワインの生産が盛んです。フランス国内における最大の市場はパリですが、蒸気機関が登場するまでの陸上輸送の主な手段は馬車であり、経済的な理由、さらには品質的な理由から国内輸送が困難でした。そのためパリで美味しいワインが呑めるようになるのは、ナポレオン3世が皇帝の座に就き、鉄道が敷かれるまで待たなければなりません。

鉄道が敷かれ、フランス国土が「せまくなる」とワインの商圏は瞬く間に拡大し、ボルドーワインの商品化が進んでいきます。そこで品質向上を目指して、農家は品種改良に取り組もうと、新大陸からブドウの苗木を持ち込みました。この時、苗木とともにやってきたのがブドウネアブラムシ（フィロキセラ）という害虫です。せまくなったフランスにおいてあっという間に広がり、ブドウ農園の多くが壊滅に追いやられました。

それはまるで、ヨーロッパから病原菌が持ち込まれたことに対する新大陸の報復のようにも思えます。

ワイン業者は新たなるブドウの栽培地を求めてスペインや米国カリフォルニア州、チリなどを目指しました。確かにこれらの地域は地中海性気候が展開するのですが、当時の人々がケッペンの気候区分が示された地図を持っていたわけではなく、試行錯誤しながら最適なテロワールを見つけたのだと思います。「テロワール」とはフランス語の「terre」から派生した言葉で「土」という意味です。ポル

トガル語の「テラ」なども「土」という意味であり、「赤紫色の土」という意味の「テラローシャ（ブラジル高原に分布する玄武岩などを母岩とする土壌）」にもそれを見ることができます。イタリア語の「テラロッサ（赤色の土）」の「テラ」も同様です。フランス語、ポルトガル語、イタリア語、ともにインド・ヨーロッパ語族ラテン語派に属する言語なだけあって、音が似ています。

　人間は技術の進歩によって、本来であれば居住に適さないような場所にも居住地を作り出し、自らの生活圏を拡大してきました。乾燥気候下においては穀物栽培が困難であるため、灌漑を行い、また粗食に耐える羊やヤギを家畜として飼育して、こうした困難を克服してきました。メソポタミア文明、エジプト文明、インダス文明といった古代文明が、乾燥気候下であるにもかかわらず成立したのはこうしたことが背景といえます。歴史上の話ではありますが、その背景として「当時の地理的条件」を考えることが重要です。

　人間が「地域性」を無視して生活圏を拡大するからこそ、世界では争いごとが耐えません。まさしく「経済は土地と資源の奪い合い」といえます。

地球温暖化と感染症

2　d) の地球温暖化がどのように人獣共通感染症の増加に影響するか、以下の語句をすべて用いて、2行以内で説明せよ。
　媒介生物　気象災害

　媒介生物にはハマダラカやツェツェバエといったものが知られていますが、全世界に存在するといった普遍的なものではなく、その

多くが熱帯気候下に存在する地域的なものです。自然的要因、人為的要因のどちらが支配的なのかは別にして、近年の地球温暖化は誰もが認識しているところです。**これによって媒介生物の生息地域が熱帯気候の展開する地域（両回帰線の間が目安）よりも高緯度側に拡大し、これまではほとんど確認されなかった感染症の報告が増加傾向にあります。**

先述の、「過去数十年間で急速に拡大しており、その背景には、動物と人間の生活圏が重なり合うようになった環境変化が深く関係しています」がまさしくこれです。東南アジアなどでよくみられたデング熱などの報告が、日本でも上がってくるようになったほどです。

かつては遠隔地への移動によって、人間が自ら病原体に近づき感染症を拡大させてしまいましたが、現代においては**気候変動によって感染症が人間に近づいてきている**といえます。

そして危機感を抱いて「地球温暖化防止」を叫び、脱炭素を目指して電気自動車（EV）に乗り、太陽光パネルを敷き詰めたりするわけですが、果たしてそれが何に対してどれだけの効果があるのか測定は未知数です。さらに、電気自動車の普及、太陽光パネルの使用拡大によるデメリットは「見なかったことにしよう」といった空気さえ感じています。物事は二元論ではないのに。

地球温暖化は氷河の融解を促進し、**海水準上昇**を招きます。そして蒸発量が増えると、熱帯低気圧の発生数増加、大型化させてしまい、各地で気象災害が拡大する懸念があります。津波や高潮、洪水などの水害が拡大すると、被災した地域では衛生環境が著しく悪化するため、感染症の蔓延は時間の問題となってしまいます。

> **2の解答例**　気候変動によって媒介生物の生息地域が拡大し、津波や高潮など気象災害の拡大は被災地での衛生環境を著しく悪化させてしまう。（59字）

とんでもなく広いアジアの地域性

> **3**　図1-1で南アジア・東南アジアから東アジアにかけての地域が高リスク地域となっている。この理由を、この地域の自然環境と生業の観点から3行以内で説明せよ。

　一言で「アジア」といっても、その範囲はとんでもなく広く、一般に東アジア、東南アジア、南アジア、西アジア、中央アジアに区分されます。北アジアという地域も存在しますが、一般に「シベリア」と呼ばれています。これだけ広大な範囲に広がっているため普遍性といったものはほとんどなく、各地域の地域性が際立ってきます。

　そんなアジアをモンスーン（季節風）の影響の大小で、大きく2つに分けて考えます。**「モンスーンアジア」**と**「乾燥アジア」**です。
　モンスーンとは季節に応じて風向きが逆転する風のことであり、大陸東岸に顕著に見られます。**「風」とは、高気圧から低気圧に向かって流れる空気**のことであり、水平移動します。一方、**垂直移動する空気であれば「気流」と呼ばれます**。つまり、風向きが逆転するということは、気圧配置が逆転しているということなのであって、まずはその仕組みについてお話しします。

モンスーンアジアと乾燥アジア

　偏西風は**中緯度地域を吹く西寄りの風**であり、大陸西岸では海から湿った風が吹き込むため、多くの水分が供給されます。水は比熱が大きい（温度変化に必要なエネルギー量が大きい）ため、海洋の影響を受けやすい中緯度の大陸西岸は、温まりにくく冷めにくい海洋性気候が展開します。

　一方で、大陸東岸は海に面しているものの、偏西風が主に西から吹くため海洋の影響を直接受けにくく、また陸地は比熱が小さい特性を持つことから、温まりやすく冷めやすい気候環境となります。このため、季節によって気圧の配置が逆転し、夏は海洋から大陸へ吹き込み、冬は大陸から海洋へ吹き出す季節風が発生するわけです。これにより、**大陸東岸では季節ごとの気候変動が大きく、寒暖差の激しい特徴**が見られます。

　まとめます。夏には、大陸側が太陽の強い日射を受けて急速に温まり、上昇気流が発生して低気圧が形成されます。一方、海洋は比熱が大きく温まりにくいため、相対的に高気圧となり、風は海洋から大陸へと吹き込みます。冬になると、大陸側が急速に冷えることで高気圧が形成され、逆に海洋は温まりにくいものの冷えにく

いため、相対的に低気圧が発生し、風は大陸から海洋へと吹き出します。これが季節風の風向きが季節ごとに逆転する理由です。

日本を含む、ユーラシア大陸の東部沿岸部はモンスーンの影響で夏に高温多雨となり、稲作に適した気候環境となります。東アジアの中でも、モンゴルや中国西部地方はモンスーンが弱くなるほど内陸に位置しているため年降水量が少なく、稲作に不向きな地域です。

南アジアでは、モンスーンの通り道から外れるパキスタンの大部分は乾燥気候が展開しますが、インドやバングラデシュ、スリランカではモンスーンの影響で夏に高温多雨となり、稲作に適した気候環境となります。また茶の栽培も盛んです。イギリス植民地時代に茶のプランテーション農業が始まり、それが現在においても見られ、インドやスリランカは世界的な茶の輸出国でもあります。

稲作を行う、つまり田んぼに水を張るということは、水を介して伝染病や寄生虫病などが流行するリスクが高まるということでもあります。これが、先述の「水を介して感染症が流行した」という話に繋がるわけです。

> **3の解答例** モンスーンによる高温多雨の気候を背景に労働集約的な稲作を生業とすること、世界的な人口稠密地域であることから、水を介した病原菌との接触、また人間同士の接触機会が多い地域であるから。（89字）

今、求められる「One Health」アプローチ

> **4** 日本も野生動物に由来する人獣共通感染症の発生リスクが高いことが図1-1から読みとれる。また、日本では近年発生リスクがさらに高まりつつあると考えられているが、その主要な原因を、前記のb) 人と野生動物との接触機会の増加、c) 土地利用形態の変化、と関連づけて2行以内で説明せよ。

「One Health」という学際的アプローチがあります。これは、**人間、野生動物、環境が相互に関連していることを考慮し、その接点における行動や政策を立案し実施するためのもの**です。WHO（世界保健機関）の欧州環境保健センターがとりまとめた報告書、「ワンヘルスにおける環境の役割に関する健康の視点」では、環境が重要な役割を果たしているとしています。

環境は、病原体や抗菌薬耐性遺伝子などを蓄積する「貯蔵庫」として機能しており、そこに栄養素や生物が蓄積され、また人間や野生動物に影響を与える形で輸送されると説明されています。さらに環境における化学プロセスが、人間や動物に有害な物質を生成し、新たな病原体や耐性微生物の進化を助長することもあると指摘しています。

例えば、熱帯林の破壊や耕作地の拡大、都市化の進展など、人為的な土地利用の変化はかつて一続きだった自然の環境や生息地を分断し、生態系を小さなエリアに断片化させました。分断された環境では、野生動物が人間の生活圏に侵入しやすくなるため、結果として野生動物と人間との接触機会を増加させたというわけです。

そして感染リスクが高まり、**野生動物由来の病原体が人間に感**

染する「スピルオーバー」が発生します。新型コロナウイルスも野生動物が宿主でしたが、何らかの要因で人間に伝染し、さらに別の人間へと持続的に感染が広がったのは、スピルオーバーの典型例といえます。

　このような背景から、環境保護や自然生息地の修復は、病原体の監視や感染症予防にとって必要不可欠であるといえるため、人間、野生動物、そして環境の3つを統合的に管理する「One Health」のアプローチが求められているわけです。

> **4の解答例**　人為的な土地利用の変化によって生態系が断片化され、分断された環境下において人間と野生動物との接触機会が増加したから。（58字）

1-3 気候変動による災害増加！「熱帯低気圧」を学ぶ

(2018年度第1問設問B)

設問 B

図1-3は、1848年以降に発生した世界の熱帯低気圧の経路を示した地図である。経路の線の色は熱帯低気圧の強度を示し、白いほど弱く、灰色が濃いほど強い。図1-4は、1970年に発生した熱帯低気圧のみの経路を例示している。

図1-3

図1-4

米国海洋大気庁による。

台風、ハリケーン、サイクロンはどう違うのか？

1 　強い熱帯低気圧には地域別の名称があり、日本を含む東〜東南アジアに襲来するものは台風と呼ばれている。他の2つの代表的な名称と、それが使われる地域を「台風-東〜東南アジア」のように記しなさい。

　熱帯低気圧といえば、**台風**や**ハリケーン**、**サイクロン**などが知られています。いずれも強い熱帯低気圧の一種ですが、**それぞれ名称が異なるのは発生地域、そして勢力の違い**によるものです。

　まず、台風です。
　これは日本人ならば誰もが知っているものであり、気象庁による定義で「北西太平洋、または南シナ海に存在する熱帯低気圧のうち、低気圧域内の最大風速がおよそ17m/秒以上のもの」を台風としています。ここでいう「北西太平洋」というのは、マレー半島よりも東側を指していて、マレー半島以西になるとサイクロンと呼ばれます。

　次に、ハリケーンです。
　ハリケーンは、北大西洋および北東太平洋で発生する台風と同様の自然現象を指し、主にカリブ海やアメリカ大陸を中心に影響を及ぼします。アメリカ国立ハリケーンセンター（National Hurricane Center）は、最大風速が33m/秒（64ノット）以上に達した熱帯低気圧をハリケーンと定めています。

　さらに、サイクロンという名称は、インド洋および南太平洋で発生する熱帯低気圧に用いられます。つまりマレー半島以西ということです。特に、ベンガル湾やアラビア海で発生するものがよく知られ

ています。インド気象局（India Meteorological Department）によると、サイクロンは最大風速が17.2m/秒（34ノット）以上の熱帯低気圧を指します。台風やハリケーンと同様に、蒸発によって蓄積された潜熱がエネルギー源です。

　上記の3つを見てもわかる通り、**台風とサイクロンは最大風速が17m/秒以上のもの**であり、**ハリケーンに関しては33m/秒以上のものを指します**ので、単純に「カリブ海のあたりでは、台風はハリケーンと呼ばれる」という表現は、厳密にいえば不正解ともいえます。

　さて、これらの熱帯低気圧は、海水温が27℃以上の暖かい海域で発生することが多く、海面から蒸発した水蒸気が上昇して凝結する過程で発生する潜熱をエネルギー源とします。暖かい海域ほど蒸発量が多く、上昇気流が強まることはいうまでもありません。そしてコリオリの力（地球の自転の影響）を受け、回転しながら発達することで台風やハリケーン、サイクロンが形成されます。これらは、発生した場所から周辺地域にかけて強風や大雨をもたらし、洪水や土砂崩れといった二次災害を引き起こすことが多い気象現象です。

　赤道付近を流れる海流の影響で、太平洋の東部よりも西部の方が断然海水温が高くなっています。よって**太平洋の西部、つまり日本列島の南の海上こそ、蒸発量が多く、そして台風が発生しやすい海域**です。台風のような熱帯低気圧は熱帯の海洋上でのみ発生し、陸地では発生しません。また、潜熱をエネルギー源としている以上、潜熱が得られない陸地に進むと、急激に勢力が弱まります。つまり、**「台風は上陸すると勢力が弱まる」**ということです。

　これまでに台風やハリケーンの多くが甚大な被害をもたらしてきました。例えば、2013年のフィリピンを襲った台風ハイエン（現地名：

ヨランダ）は、歴史的な被害を引き起こし、多くの命が失われました。また、2005年のアメリカ合衆国を襲ったハリケーン・カトリーナは、ニューオーリンズを中心に壊滅的な被害を与え、広範囲で浸水が発生しました。

このような災害に対して、各国では早期警戒システムや避難計画が整備されており、気象衛星やスーパーコンピュータを用いた予測技術の進展により、被害を最小限に抑える努力が続けられています。

さらに地球温暖化が進む中、海水温の上昇がこれらの熱帯低気圧の発生頻度や強度に影響を与えることが懸念されています。科学者たちは、今後さらに強力な台風やハリケーンが発生する可能性があると警鐘を鳴らしており、これに対応するための防災・減災対策がますます重要になっています。

このように、台風、ハリケーン、サイクロンは、地域によって名称や勢力が異なるものの、地球規模で見たときに共通のメカニズムと影響を持つ気象現象です。

1の解答例 ハリケーン－北中アメリカ（またカリブ海周辺）
サイクロン－南アジア

貿易風と偏西風

> **2** 　熱帯低気圧は赤道付近を除く熱帯～亜熱帯の海上で発生し、その後は、北上または南下するが、北半球では進路の方向が最初は北西で次に北東に変わり、南半球では最初は南西で次に南東に変わる傾向がある。このような変化が生じる理由を1行で述べなさい。

　台風が発生する熱帯の海洋上は貿易風帯であり、ここで発生した後、貿易風の影響を受けて西に進路を取りつつ、徐々に北上していきます。

　貿易風とは、亜熱帯高圧帯（中緯度高圧帯）から赤道に向かって吹き出す風であり、地球の自転と赤道付近の高温による上昇気流、および大気の循環によって生じます。北半球では北東から、南半球では南東から吹きます。この風は、赤道付近から西へ向かう方向に吹くため、熱帯低気圧である台風の進路にも大きな影響を与えます。

　台風は初夏にフィリピン海や南シナ海で発生し、貿易風の影響を受けて西または北西に進みます。その後、台風が偏西風帯に入ると、偏西風の影響で進路が西寄りから北あるいは東寄りへと向きを変えるのが一般的です。**この進路変更のことを「転向」といい、転向が起こる地点を「転向点」と呼びます。**

　転向点付近では台風が停滞する傾向があるため、被害が大きくなることが多いようです。転向後、台風は偏西風の影響を受けて東に進路を取り、速度を速めます。この時、日本列島に上陸したり、日本列島の東側に抜けていったりすることがあります。そして台風

の進路は、一貫して太平洋高気圧の縁に沿って移動します。

　台風の発生要因については諸説ありますが、その発達要因としては、凝結によって発生する潜熱が重要な役割を果たしていることが判明しています。台風が発生する熱帯地方の海洋上では、絶えず上昇気流が発達しており、この上昇気流にともなって大気中の水蒸気が凝結するさいに放出される潜熱が、台風のエネルギー源となっています。特に、海水温が高い地域ではこのプロセスが活発に行われ、台風が強力に発達します。

　また、台風の進路にはコリオリの力も大きく関与しています。コリオリの力は、地球の自転によって生じる見かけの力であり、北半球では物体が進行方向の右側に、南半球では左側に曲がるように作用します。これにより、台風やその他の大規模な気象現象はその進行方向が曲げられ、特に台風が北上し始めるときに、東に転向するさいに重要な役割を果たします。

　しかし、日本列島近海の海水温は熱帯の海域ほど水温が高くないため、台風が日本列島に近づくと、勢力を弱めて温帯低気圧へと変化していきます。これにより、台風の被害はある程度軽減されることもありますが、依然として強風や大雨をともなうため、注意が必要です。時に東海道新幹線が運休となるのは、こうしたことが背景にあるわけです。

　このように、台風の進路や発達には多くの要因が関与しており、その理解は防災や被害軽減にとって非常に重要です。

> **2の解答例**　低緯度では貿易風、中高緯度では偏西風の影響下にあるため。（28字）

なぜ、南米大陸周辺で熱帯低気圧が発生しないのか

> **3** 南米大陸の周辺の海では熱帯低気圧がほとんど発生しない。この理由を1行で述べなさい。

　南アメリカ大陸周辺で熱帯低気圧がほとんど発生しない理由は、その海洋環境と気候条件に深く関係しています。特に、**大陸西側の沖合を流れるペルー海流（フンボルト海流）の存在が大きな影響を及ぼしている**と考えられます。

　ペルー海流は、南極海から北上してくる寒流であり、その冷たい海水が南アメリカ大陸の沿岸地域の大気を冷やします。この冷却効果により、海面からの蒸発量が大幅に抑えられ、大気中の水蒸気量が極端に少なくなります。

　さらに、冷やされた大気は密度が高まり、地表付近に滞留します。これにより、上昇気流が発生しにくくなるため、雲が形成されにくく、降水量が極めて少なくなるわけです。これが、南アメリカ大陸周辺で熱帯低気圧がほとんど発生しない主な要因です。そのため、台風やサイクロンに類する名称は存在しません。

　沖合をペルー海流が流れるペルー南部からチリ北部には、アタカマ砂漠を代表とする乾燥地帯が広がっています。この地域において、乾燥気候が形成される背景には、**ペルー海流の冷却効果とそれにともなって大気が安定すること**が要因です。

　寒冷な海水が沿岸地域の気温を下げることで、降水がほとんどなくなり、その結果として砂漠が形成されます。南アメリカ大陸のほぼ中央部を南回帰線が通過しているにもかかわらず、この地域が熱帯気候ではなく乾燥気候が広がっているのは、まさにペルー寒

流の影響によるものです。

　アタカマ砂漠やその周辺に展開する乾燥地帯では、植生が乏しく、岩石が地表に露出しているため、露天掘りが容易に行える環境が整っています。この地域にはエスコンディーダ鉱山、カセロネス鉱山、ロス・ペランブレス鉱山など、日本のJX金属株式会社が投資している鉱山が数多く存在します。

　埋蔵量が多いことはもちろん、これこそがチリやペルーで銅の採掘が盛んな背景です。まさしく「地の利」といえます。**やはり経済は「地の利」をいかにして活かすかが重要といえます。**このような「地の利」は地域性なのであって、他地域に存在する地域性を普遍性と勘違いして実践しても、上手くいかないのです。

　また、ペルー海流だけではなく、南東の沖合を流れるフォークランド海流も同様に、南極から冷たい水を運び、沿岸地域の大気を冷却する役割を果たしています。これにより、南アメリカ大陸の東の沖合でも熱帯低気圧の発生が抑えられています。

　ペルー海流は、その発見者であるアレクサンダー・フォン・フンボルトにちなんでフンボルト海流とも呼ばれています。フンボルトといえば、「近代地理学の父」と呼ばれ、その足でヨーロッパを越えて世界各地で現地調査を行った人物です。

　フンボルトは1800年頃に南アメリカ大陸を探検し、ペルー海流の水温の低さとその沿岸地域への影響を観察しました。彼の観察は、今日の地理学や気象学においても重要な基礎となっており、ペルー海流がこの地域の気候と自然環境にどのような影響を与えているかを理解するための鍵となっています。フンボルトペンギンといえば、彼の名を冠したペンギンです。

さて、南アメリカ大陸周辺で台風やハリケーンが発生しない理由
をまとめますと、ペルー海流とフォークランド海流がもたらす冷たい
水と、それにともなう大気の安定化にあります。これらの海流が地
域の気候を乾燥化させ、その結果として砂漠が形成され、鉱山開
発が進む要因ともなっているわけです。

3の解答例　高緯度から流れる寒流の影響で、大陸周辺の
海面水温が低いため。（30字）

気候変動に警鐘を鳴らした、ある映画

4　今後、地球環境の変化により熱帯低気圧の強度や発生
頻度が変化する可能性が指摘されている。しかし、仮に熱帯低気
圧の強度や発生頻度が増大しなくても、熱帯低気圧が原因で被災
する人が世界的に増えると予測されている。このような予測が行わ
れる理由となっている自然や社会の今後の変化を、2行以内で述
べなさい。

地球温暖化によって、まず海洋の蒸発量が増加すると考えられ
ていて、これが原因で、台風やハリケーンが大型化するのではな
いかと推測されています。

2004年に公開されたアメリカ合衆国の映画、『The Day After
Tomorrow』をご存じでしょうか？　この映画は、地球温暖化が引き
起こす異常気象が世界各地で急激に悪化し、最終的に地球全体が
新たな氷期に突入するというものです。

作中、気候学者のジャック・ホール博士（デニス・クエイド）は、気候変動の急速な進行を予測し、世界に警告を発しますが、政府や多くの人々はその警告を軽視します。やがて、北半球全体が異常気象に見舞われ、巨大なハリケーンや氷嵐が発生し、ニューヨーク市は急速に氷結します。ジャック・ホール博士は、ニューヨークで立ち往生している息子サム（ジェイク・ギレンホール）を救うため、命がけで氷点下の世界を旅します。

　映画では、世界各地で発生する異常気象やその破壊的な影響が描かれ、科学者たちがそれにどう対処するか、また人々が極限の状況でどのように生き残ろうとするかがテーマとなっています。そして、気候変動に対する警鐘を鳴らした映画でもありました。

　強度や発生頻度が変化すると、被害が拡大する可能性が高まります。(4)では「熱帯低気圧の強度や発生頻度が増大しなくても、熱帯低気圧が原因で被災する人が世界的に増えると予測されている」とありますが、これは**熱帯低気圧の影響を受けやすい地域に居住地が拡大すると考えられるから**です。

　21世紀に入り、世界の人口は20世紀後半ほど急増することはなくなったものの、依然として増加を続けています。特に、南アジアからアフリカにかけて顕著で、これを背景に熱帯低気圧に脆弱な低地にまで居住地が拡大することが予測されています。

　熱帯低気圧は、強い上昇気流が発生して中心の気圧が低いため、中心に向かって海水の吹き寄せが起こり、さらに気圧の低下によって海面が上昇します。これを高潮といい、波の高さが5mを超える大規模なものになることもあります。そのため高潮が発生すると、**沿岸部の低地の居住者は台風被害を受けやすい**環境下に置かれてしまいます。

　高潮は、基本的には低気圧に由来する気象現象（津波は地震、

もしくは地すべりで起こる）です。いわゆる海水面とは、海洋の水圧と大気圧が均衡状態にあるときのものですが（この時が1気圧＝1013hPa）、台風などの熱帯低気圧が発生すると、周辺の気圧が低くなるため、この均衡状態が崩れ、水圧が海面を押し上げて高潮が発生します。

また、地形的要因も高潮の発生に関与することがあります。例えば、リアス海岸のように出入りが激しい海岸では、湾奥に行くにしたがって幅が狭くなり、水深が浅くなります。リアス海岸は、元々V字谷が沈水して形成された溺れ谷が入り江となり、それが連続した地形です。入り江の奥につれて浅く狭くなるため、波のエネルギーが集中しやすくなります。

もし台風などの暴風が発生すると、この入り江に風が吹き込むことで、湾奥に向かって波がさらに高くなり、沿岸部に大きな被害をもたらすことがあります。V字谷の入り江は一般的に海岸線に垂直の方向に発達するため、暴風の風向きと一致する場合には、特に波が高くなりやすくなります。**こうした地形的要因による高潮は、地形そのものが波や風の力を増幅させるため、特定の地域で大きな被害をもたらすことがあります。**

高潮被害の具体例としては、1999年の台風18号が知られています。熊本県不知火町で発生した高潮では、12人の犠牲者が出ました。低地は河川が流れていることが多く、高潮が発生すると河川を遡って浸水被害を引き起こすことがあります。

例えば、東京都の荒川周辺は海抜ゼロメートル地帯が広がっており、高潮が発生すると浸水被害が拡大しやすい自然環境といえます。

世界に目を向けてみると、バングラデシュもまた、熱帯低気圧に

よる甚大な被害を受ける地域です。

　2007年11月15～16日にかけて、バングラデシュにサイクロン・シドルが上陸し、大きな被害をもたらしました。バングラデシュはガンジス川の河口付近に位置し、サイクロンによる高潮被害が発生しやすい地域であり、またガンジス川の洪水被害が多い地域です。1970年11月のサイクロンでは30万人から50万人の死者が出たとされ、1991年4月のサイクロンでは14万人が犠牲になりました。これに対し、2007年のサイクロンでは死者数が3363人と大幅に減少しました。

　この大幅な減少には、いくつかの要因が考えられます。まず、2007年にサイクロンが上陸した時期が乾季であり、河川の水位が低かったため水害が軽減されたことが自然的要因として挙げられます。また、人口希薄地域に上陸したことも影響していると考えられます。

　しかし、それ以上に大きな要因は、1991年のサイクロン上陸後に建設された**サイクロンシェルター**です。経済援助によって建設された2000を超えるサイクロンシェルターが、2007年のサイクロン上陸時に機能し、多くの住民が避難場所として活用しました。一部のシェルターが老朽化していたり、開かずに入れないといった問題もあったものの、死者数の大幅な減少は、防災対策が成果を上げている証拠といえます。また、識字率の向上にともない、防災教育の普及や啓発活動、情報伝達体制の整備が進んだことも、事前の対応を改善する要因となりました。

　このように、自然的要因と社会的要因が複合的に作用し、熱帯低気圧による被害が軽減される一方で、地球温暖化や人口増加が続く中、**低地に住む人々が増えることで、熱帯低気圧による被災リスクは依然として高いままであるといえます**。特に、バングラデシュの

ような地域では、引き続き防災対策を強化する必要があります。

　そして忘れてはならないのが、識字率です。日本では、識字率が高いからこそ、台風に関する情報伝達が円滑に行われているという視点を忘れがちです。やはり何事も「読み書きそろばん」が重要といえますね。

4の解答例　人口増加により居住地が低地に拡大し、これにより高潮の発生時における特に社会資本に乏しい地域での被害が拡大するため。（57字）

1-4 「食」を見れば「経済・環境・文化」がわかる！

(2020年度第2問設問A)

設問 A

世界経済の成長とともに、人々の食生活に占める動物性食品の割合が増えつつある。図2-1は1963年（〇）から2013年（●）にかけての、各国の経済状況を表す1人あたりGDPの伸びと、国民1人あたりのカロリー摂取量に占める動物性食品の割合の変化を表している。

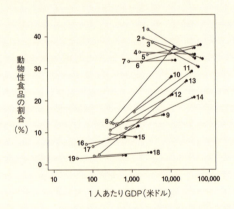

図2-1 国名：1ニュージーランド，2オーストラリア，3イギリス，4アメリカ合衆国，5スウェーデン，6フランス，7アルゼンチン，8ブラジル，9ペルー，10メキシコ，11イタリア，12マレーシア，13韓国，14日本，15ジンバブエ，16ウガンダ，17インド，18ナイジェリア，19ルワンダ。
国連食糧計画および世界銀行資料による。

「動物性食品」が環境に与える影響

「動物性食品」とは、食肉や乳製品、卵、魚介類など、動物から得られる食品全般を指します。これらの食品は、タンパク質や脂質、ビタミン、ミネラルなど、人間の健康に必要な栄養素を豊富に含んでおり、日々の食生活や健康において重要な役割を果たします。しかし、その生産過程は家畜の飼育に依存しているため、<u>自然環境や社会経済、文化など様々な分野に影響を及ぼしています。</u>

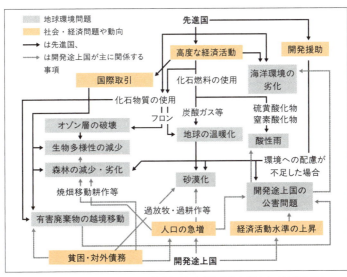

参考文献：『四訂 地球環境キーワード事典』（地球環境研究会 編／中央法規出版）

まず、環境への影響について考えてみましょう。

一般に人口増加にともなって、食料とエネルギーの需要が高まります。需要に生産が追いついていれば問題はありませんが、これまでの人類の歴史を振り返ればそうではないことは明白であり、需要に生産が追いつかない場合は、生産拡大や輸入拡大を目指します。

生産拡大を目指すと、「放牧」「灌漑」「化学肥料や農薬の使用」「水産資源の利用」などが過剰になってしまうので、これが環境破壊に繋がっていきます。そして、生産物の輸入拡大を目指したことで、それまで世界各地で孤立していた地域が結びつき、人類の経済活動の範囲が地球規模の大きさに拡大しました。その端緒はやはり「コロンブス交換」であり、「1-1」で詳しく解説したところです。

1 人々の食生活に占める動物性食品の割合が増えることで、陸上の自然環境に及ぶ悪影響を1つあげ、1行で述べなさい。

「過剰な放牧」が進むと、家畜によって草木が食べ尽くされて裸地化が進みます。これにより、雨風による侵食が起こり、土地が不毛地化していきます。

アフリカ大陸の北部、サハラ砂漠の南縁に沿って東西に広がる地域をサヘル地域といい、西はセネガルから東はスーダンやエリトリアまでも含みます。前世紀の後半、サヘル地域では急激な人口増加が見られ、それにともなって食料やエネルギーの需要が拡大しました。

これによって、家畜の過剰な放牧が進み、植生の破壊と土壌の劣化が加速して砂漠化が進行しました。**砂漠化は生態系のバランスを崩す深刻な環境問題です。**

また、ブラジルでは家畜の飼育のために大規模な牧場の建設が相次ぎ、熱帯林の破壊が深刻な問題となっています。森林の消失は二酸化炭素の吸収能力を低下させ、地球温暖化を加速させる要因となります。さらに、この森林破壊は生物多様性の喪失を引き起こしています。アマゾンの熱帯雨林（セルバ）は、地球上で最も多様な生態系が存在し、多くの固有種や絶滅危惧種が生息してい

す。森林伐採によりこれらの生物の生息地が失われ、生態系全体のバランスが崩れる恐れがあるわけです。

実は、熱帯林の破壊は先住民の生活環境や文化を脅かす懸念があります。彼らの生活様式は熱帯林の「地の利」を活かして営んでいるもので、熱帯林の破壊は彼らの生活基盤を奪うことにもなるのです。森林伐採によって耕地を拡大させると、野生動物との接触機会が増え、人獣共通感染症の発生リスクに繋がる危険性もあります。

> **1の解答例** 家畜の飼育頭数が増加し、土地の不毛地化や熱帯林破壊が進む。（29字）

日本のカロリー摂取が、どんどん減っているワケ

> **2** 図2-1の1〜6の国では、1963年以降も経済が成長しているにも関わらず、動物性食品の割合はあまり増えないか減少している。その理由を3行以内で述べなさい。

図2-1中の1〜6（ニュージーランド、オーストラリア、イギリス、アメリカ合衆国、スウェーデン、フランス）の6か国は、1人あたりGDPが高く、いわゆる「先進国」に分類されます。

通常、経済成長にともなって生活水準が向上すると食生活は大いに変化し、特に肉類や乳製品、油脂類の需要が高まります。特に脂質は1gあたり9kcal（炭水化物とタンパク質の消費は4kcal/g）であるため、こうした食生活の変化は1日あたりの摂取カロリーを

増加させます。

　ここ30年間の中国がその典型例であり、経済成長によって肉類需要が高まったことで畜産業が発展するなど食生活が変化しました。それとともに国民1人あたりカロリー供給量が、1990年の2504kcalから、2021年には3406kcalにまで増加しています（FAO）。そして、これは家畜の飼料となる穀物の需要増大につながり、国内生産だけでは追いつかなくなりました。そのため、中国は世界4位の大豆生産国（2022年、FAO）であるにもかかわらず、世界最大の大豆輸入国となり、実に生産量のおよそ6倍もの大豆を輸入しています。こうした中国市場を取り込んだのがブラジルであり、**ブラジルは中国の大豆市場を目指して大豆の生産・輸出を拡大**させました。生産地の拡大は、熱帯林の破壊を引き起こした要因の一つとなっています。

　しかし、先述の6か国では、経済成長による生活水準の向上にもかかわらず、食生活に占める動物性食品の割合が増加していないか、あるいは減少している傾向が見られます。これはいくつかの要因が考えられます。

　まず、**健康志向の高まり**があります。飽和脂肪酸やコレステロールの過剰摂取は主に心血管系の健康に悪影響を及ぼし、動脈硬化や高血圧、心筋梗塞、脳卒中などのリスクが高まると考えられています。他にも肥満や脂質異常症などの代謝性疾患のリスクもあり、これらを減らすために、肉類や乳製品の摂取を控え、植物性食品を増やす食生活を選択する人々が増えています。

　「歳を取ると脂っこいものは食べられなくなった」という声を聞くことがありますが、**先進国で顕著な高齢化が、肉食中心の食生活の**

回避を促しているとも考えられます。実際、「高齢社会のトップランナー」である日本は、国民1人あたりカロリー供給量が1990年の2948kcalから2021年には2659kcalへと減少（FAO）しており、30年間で289kcal、おにぎり1.5個分減少しています。

　さらに、**環境意識の向上**も影響しています。畜産業が地球温暖化や環境破壊に与える影響についての理解が深まり、環境負荷の少ない食事を選ぶ人々が増えています。これは肉の消費を減らし、代替タンパク源や植物性食品を取り入れる動きにつながっています。
　また、**ベジタリアニズムやヴィーガニズムの普及**も見逃せません。動物福祉や倫理的な理由から、動物性食品の摂取を控える人々が増加しており、これが社会全体の動物性食品の消費量に影響を及ぼしています。
　これらの国々では動物性食品の消費が既に高水準に達しており、消費が飽和状態にあることは見逃せない事実です。そのため経済成長が続いても、1人あたりの動物性食品の消費量が増える余地は限られています。
　さらに、政策とガイドラインも重要な役割を果たしています。各国政府や公的機関が健康促進や環境保護の観点から、動物性食品の過剰摂取を控えるよう推奨し、これが教育やキャンペーンを通じて消費者行動に影響を与えています。
　以上のように、これらの先進国では経済成長が続いているにもかかわらず、健康、環境、倫理、人口動態など多様な要因から、動物性食品の割合があまり増えないか、もしくは減少する傾向となっています。つまり、**経済的な豊かさだけでなく、価値観やライフスタイルの変化が食生活に大きな影響を及ぼしている**わけです。

> **2の解答例** 近年の健康志向の高まり、高齢化の進行、環境に対する意識などから動物性食品を避ける傾向が強まったこと、元々動物性食品の消費量が多かったため消費が飽和状態にあることなどが考えられる。（89字）

食文化は、地域の自然環境に最適化したもの

> **3** 図2-1において、9ペルーは、同じ南米の7アルゼンチンや8ブラジルとは異なる特徴を示している。その理由を2つ、以下の語句をすべて用いて、あわせて4行以内で述べなさい。
> 山岳地帯　食文化　農業　民族構成

図2−1より、ペルーは国民1人あたりGDPが上昇しても食生活に占める動物性食品の割合は微増であり、インドやアフリカ諸国と同様に依然として低い水準となっています。一方、アルゼンチンはもともと高く、ブラジルは経済成長とともに急増して高い水準となりました。「**ペルー**」と「**アルゼンチン、ブラジル**」の違いは、**食生活の違い**によるものと考えられます。

ペルーの地勢をみると、海岸線近くをアンデス山脈が縦断し、広い範囲で山岳地帯が広がります。このアンデス山中に栄えた文明がインカ文明であり、隣国のボリビアにかけて先住民の文化が定着しました。そのため、両国は現在においても先住民の割合がおよそ半数を占めています。

ペルーは山岳地帯が広がっているため、山地・丘陵地の割合が高く、広大な耕作地や牧草地を設けることが難しい地勢です。

また、沖合を流れる寒流のペルー海流の影響で大気が安定し、降水量が少ないという自然条件もあります。先述したように、ペルー海流は南極周辺の海から冷たい海水を運んでおり、その冷たい海水が上空の空気を冷やします。冷たい空気は密度が大きくて重たいので、上空の暖気との間で大気の安定化をもたらします。この安定した大気は上昇気流を抑制し、雲の形成が妨げられるため、沿岸部では降水量が極端に少なくなります。その結果、ペルーの海岸沿いにはアタカマ砂漠などの海岸砂漠が形成されています。

　同様の現象はアフリカ大陸でも見られます。アフリカ南西部のナミブ砂漠は、沖合を流れる寒流のベンゲラ海流の影響で形成された海岸砂漠です。ベンゲラ海流も冷たい海水を赤道付近の海域に運び、大気を冷却して安定させます。このため、ナミブ砂漠の沿岸部でも降水量が非常に少なくなるわけです。

　このように、山岳地帯が広がるだけでなく乾燥気候が広く展開することもまた、ペルーで農牧業の大規模経営が困難な要因であり、農業従事者1人あたり農地が4.7haしかありません。ちなみに、日本は2.0haとさらに小規模です。

さらに、ペルーやボリビアといった山岳国家では、標高に応じて栽培する農作物が異なります。

　基本的に太陽エネルギーは緯度に応じて異なるので、気温も緯度に応じて変化します。しかし気温は海抜高度によっても変化するため、高標高地域に向かえば向かうほど気温は下がります。アンデス山脈は標高が高く、不作のリスクを軽減するために標高ごとに異なる農作物を栽培する多角的な農業を行っており、ほとんどが自給的経営です。そして異なる標高に存在する耕作地を行き来するさいに、荷役用のリャマが重宝されてきました。

一般に牛肉を1kg生産するために10 〜 12kgほどのエサ（トウモロコシや大豆など）を必要としますが、大規模経営が難しいペルーでは、その飼料穀物の生産が難しく、ペルーの農耕は多くが自給的であり、飼料作物の栽培や肉類の生産が発達しませんでした。

　またペルーやボリビアのあたりはジャガイモの原産地でもあり、ジャガイモを用いた料理、そしてチューニョという保存食が知られています。高標高地域は夜に急激に冷え込むため、アルパカの毛を用いたポンチョが重用されます。さらに紫外線が強いため、つば広の帽子を着用する人たちがいるのも特徴です。

後からやってきたヨーロッパ人が伝えた食文化

　一方、アルゼンチンとブラジルはペルーと異なり、**植民地時代にヨーロッパの食文化が持ち込まれました。**アルゼンチンはスペイン、ブラジルはポルトガルがそれぞれ旧宗主国であり、両国とも国民に占めるヨーロッパ系白人の多い国ですが、ブラジルはアルゼンチンよりは黒人の割合が高いようです。私はサッカーには全然明るくないのですが、サッカーアルゼンチン代表が、ほとんど白人で構成されていることくらいは分かります。一方、ブラジル代表は様々な人種の方で構成されています。

　アルゼンチンには、ラプラタ川流域に**パンパと称される温帯草原**が広がっています。ラプラタは「ラプラタ」ではなく「ラ・プラタ（La Plata）」であり、諸説ありますが、先住民が銀細工を所有していたことから、フェルディナンド・マゼランが「銀」という名前を付けたといわれています。

　さて、パンパが広がる地域は大陸の東岸に位置しており、沖合を暖流のブラジル海流が流れていることもあり温暖湿潤気候を示し

ます。肥沃な土壌が分布していて、小麦やトウモロコシ、大豆といった穀物の栽培が盛んです。農業従事者1人あたり農地は82.7haと広大であり、古くから企業的牧畜が営まれていました。

パンパは年降水量550 〜 600mmの等雨量線を境に、東側の**湿潤パンパ**と**西側の乾燥パンパ**に区分します。湿潤パンパはブエノスアイレス州からエントレ・リオス州、サンタフェ州にかけて広がります。肥沃な土壌と安定した降水量を背景に、小麦やトウモロコシ、大豆などの大規模栽培である企業的穀物農業、トウモロコシや大豆、アルファルファ（ムラサキウマゴヤシ）などを飼料に企業的牧畜がそれぞれ営まれています。アルゼンチンの牧畜業は、こうした自然的要因以外にも、社会的要因も寄与しました。

湿潤パンパでの牧畜業は、鉄道、有刺鉄線、アルファルファの導入が大きかったといえます。

アルゼンチンでは、19世紀後半から20世紀初頭にかけて鉄道網が整備されたことで、内陸部で生産された肉類や穀物を港へ効率的に輸送できるようになり、**ブエノスアイレス港からヨーロッパ市場へ大量輸出する道**が開かれました。また、鉄道はアルゼンチン内陸部の各地を結び、地方の牧畜業者が市場にアクセスしやすくなり、牧畜業の拡大を後押ししたといえます。

同時期に有刺鉄線が普及し、家畜の管理が効率化されました。有刺鉄線で土地を囲むことで、広大な草原での家畜の逸走や盗難が防止され、牧場の管理が容易となったわけです。これにより、大規模で効率的な放牧が可能になり、企業的な牧畜が成り立つ基盤が整いました。

さらに、**アルファルファの導入により、栄養価の高い飼料が安定して供給されるようになりました。**アルファルファはタンパク質やミネラルに富み、家畜の健康や成長を促進するため、牧畜の生産性向

上に貢献しました。また、アルファルファはマメ科の牧草であるため、栽培によって窒素固定が行われると土壌が肥沃化され、持続的な土地利用が可能となりました。**何事も継続性が大事です。**大量生産を実現しても翌年には土地が不毛地化してしまっては元も子もありません。

　ブラジルでは、サトウキビやコーヒー豆などの熱帯性作物を栽培するため多くのアフリカ人奴隷が連れてこられ、その子孫が今でも多く生活しています。また、プロレスラーの故・アントニオ猪木氏がかつてそうであったように、日系農業移民の子孫も多く生活しています。

　当初は動物性食品の消費割合が低かったものの、経済成長により生活水準が向上し、肉類の消費と輸出が増加しました。

畜産業の拡大と環境負荷

　ブラジルは、中国、インド、ロシアとともにBRICs（当時）の一員とみなされ、2000年代に急速な経済発展を遂げました。国家のGDP（国民総生産）を見ると、2001年の5599億8400ドルから2010年には2兆2088億3800ドルまで、10年間でおよそ4倍に成長しました。

　2000年代の高度経済成長期、ブラジルでは国民の所得が向上し、中産階級が拡大しました。これにより、**以前よりも手頃な価格で肉類や乳製品を購入できるようになると、動物性食品の消費が日常化**していきます。また、都市化が進むとともに食生活が変化し、スーパーマーケットやレストランの増加で動物性食品へのアクセスが拡充され、都市生活者の消費がさらに増加しました。

　また政府による栄養改善政策は、学校給食での動物性食品の提

供機会を増やし、健康啓発による食育を推進するなど、動物性食品の消費を後押しして栄養価の高い食事への関心が国民の間で高まっていきました。

　加えて、**広大な土地と効率的な飼育技術を活かした大規模な畜産業の発展**が、国内での肉の供給量を増大させました。ブラジルの国土面積は日本の22.5倍と広大であり、国土の南東部に広くブラジル高原が広がっていますが、地体構造上は安定地域（先カンブリア時代に造山運動を受け、その後の長期間にわたる侵食で低平になった陸地）であり、ペルーと違って、1000mを超えるような高標高地域がほとんどありません。

　ちなみに、ブラジル高原はベネズエラに存在するギアナ高地とともにかつて一つの陸塊だったといわれています。アマゾン川による長い間の侵食によって南北に分かれたため、元は同じ陸塊だったことから、産出する鉱産資源には共通点が見いだせます。そしてこれが、アマゾン川流域が盆地状の地形となっている要因であり、アマゾン川が多くの支流を持つこととなります。

　ブラジルでは、ブラジル高原やアマゾン川流域が主要牧畜地帯となっています。前者はサンパウロ州やミナス・ジェライス州、マットグロッソ州、ゴイアス州などが含まれ、アマゾン川流域はパラー州やアマゾナス州が含まれます。飼育されている家畜の多くが肉牛と鶏であり、ブラジルは牛肉や鶏肉の生産、輸出が盛んな国です。

　2023年のブラジルの輸出品目は、「大豆」（14.0%）、「原油」、（12.8%）、「鉄鉱石」、（8.6%）、「肉類」（7.6%）、「鉄鋼」（5.2%）となっていて、「肉類」がブラジルの主要輸出品であることがわかります。また、最大の「大豆」を見る時、先述の中国の大豆輸入の話と繋がります。こうして**事実の積み重ねによって大なり小なりの空間スケールを俯瞰することこそが、地理学の醍醐味**といえます。

63

実はブラジル高原にはカンポセラードと呼ばれる原野が広がっています。「カンポ」は「畑地」とか「原野」、「セラード」は「サバナ」を意味する、どちらもポルトガル語です。サバナは熱帯気候下でみられる、草原の中に低木やまばらな樹木が点在する土地のことです。雨季（高日季）と乾季（低日季）が明瞭であるため、樹木が密生せずに主に草本植物が生育しています。

カンポセラードにおける農業開発には、特に1974年に始まった「プロデセール事業」が知られていて、日本の国際協力機構（JICA）の支援が大きく関与しています。カンポセラードは酸性の熱帯土壌が広がっているため農業には不向きとされていました。土壌の改良や肥料の使用、農業機械の導入を進め、広大な未開発地を農地として開拓していきました。この計画は地域経済の活性化、雇用機会の創出に繋がり、ブラジル国内の食料自給率の向上や農産物輸出の拡大にも繋がっていきました。

ブラジルの農業従事者1人あたり農地は28.7haであり、相対的にアルゼンチンよりは狭いものの、絶対的には広大な土地であり、企業的牧畜が営まれています。大量生産によって飼料コストを抑えることで手頃な食肉価格を実現し、ブラジル国内での動物性食品の安定供給が可能となっていきました。また、ブラジルは世界有数の肉類輸出国であり、輸出の拡大と国内供給の安定が共存することで、消費者にとって魅力的な価格での購入が可能です。

一方で、**ブラジルにおける急速な畜産業の拡大は、熱帯林の伐採や生態系の破壊を通じて深刻な環境問題を引き起こしています。**まず、肉牛の放牧地や大豆やトウモロコシなどの飼料用穀物の生産地を確保するための森林伐採が進み、温室効果ガスの吸収源である熱帯林が減少して地球温暖化を引き起こしているという指摘が

あります。また、生物多様性が失われ、希少な動植物が絶滅の危機にさらされています。

　さらに、**森林が失われることで土壌の劣化が進み、持続的な農業や牧草地としての利用が困難になります。**水資源面でも、水循環の乱れにより干ばつの発生が増加し、牧場からの汚染物質が河川に流入することで水質が悪化し、地域住民や生態系にも影響が及びます。さらに、森林伐採は先住民の生活環境も脅かし、伝統的な暮らしが失われつつあります。

　このように、ブラジルの畜産業の拡大は、気候変動、生態系の保護、水資源の維持、社会的な問題に至るまで、多くの環境負荷の課題を生んでいるわけです。

> **3 の解答例**　入植者がもたらした食文化が基本のアルゼンチンや経済成長によって肉類消費が拡大したブラジルと異なり、ペルーは山岳地帯や海岸砂漠が広がり企業的農業経営が困難であるため、先住民を中心とした民族構成から伝統的な食文化が残り肉類消費量が少ないから。（119字）

「世界経済」は東大地理で学べ!

第2章

半導体、EV——「レアメタル」をめぐる世界の思惑

2-1

(2011年度第2問設問B)

設問 B

図2は主要なレアメタルの生産量(2007年)上位3ヶ国とそのシェアを示したものである。

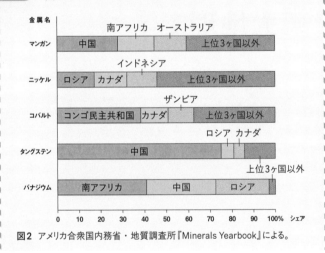

図2 アメリカ合衆国内務省・地質調査所『Minerals Yearbook』による。

1

図2より読み取ることができる、レアメタルの資源供給上の特徴および問題点を2行以内で述べなさい。

日常生活におけるレアメタル

　我々の日々の生活は、もはやそれなしでは成り立たないといって良いほど、レアメタルが欠かせない役割を果たしています。

　パソコンやスマートフォンといった電子機器には、リチウム、コバルト、ニッケルなどのレアメタルが使用されており、パソコンで仕事や学習を行ったり、スマートフォンで日々のコミュニケーションを楽しんだりできるのは、これらの素材が支えているからこそであるといえます。

　また、家電製品や自動車も例外ではありません。例えば、冷蔵庫やエアコンに使われるモーターには、ニッケルやコバルトが含まれており、高効率で安定した電力供給を実現しています。さらに、電気自動車（EV）の普及にともない、ニッケルやコバルトを正極材として含むリチウムイオン電池の需要が急増しています。環境に優しいとされる電気自動車ですが、実は**その根幹を支えているのはレアメタル**です。

　医療分野でも、レアメタルは活躍しています。例えば、MRI（磁気共鳴画像装置）には高強度の磁石が必要であり、ネオジムやガドリニウムが使用されます。これにより、高度な画像診断が可能となり、多くの患者の命が救われています。なお、これらはレアアースに分類され、広義ではレアメタルの一種とされます。

　このように、私たちの日常生活の快適さや健康、安全はレアメタルに支えられているといえます。しかし、**これらの資源は存在量が限られており、また埋蔵に偏在性があるため、安定供給が難しいというリスクを抱えています。**

レアメタルの埋蔵分布の特徴と供給リスク

2011年度第2問設問Bにて、レアメタルをテーマにした問題が出題されました。

統計データが2007年とだいぶ古いので、最新の統計データ（USGS）を列記します。

	1位	2位	3位	4位	5位
マンガン （2022年）	南アフリカ （36.3%）	ガボン （23.2%）	オーストラリア （15.1%）	ガーナ （4.2%）	中国 （3.7%）
ニッケル （2019年）	インドネシア （30.7%）	フィリピン （13.3%）	ロシア （11.3%）	ニューカレドニア （8.0%）	カナダ （6.7%）
コバルト （2022年）	コンゴ民主 （73.1%）	インドネシア （4.9%）	ロシア （4.7%）	オーストラリア （2.9%）	フィリピン （2.0%）
タングステン （2020年）	中国 （84.2%）	ベトナム （5.7%）	ロシア （3.1%）	ボリビア （1.7%）	オーストリア （1.1%）
バナジウム （2022年）	中国 （65.6%）	ロシア （19.6%）	南アフリカ （8.7%）	ブラジル （5.7%）	

レアメタルは産出量が少なく、採掘や精製が困難で、かつ資源としての需要が高い金属です。中でも、周期表のランタノイド系元素（15種類）とスカンジウム、イットリウムを合わせた17種類からなる元素群です。これらの元素は単独で存在することが少なく、鉱石からの分離が難しいため、「希土類」とも呼ばれます。レアアースは磁力や反応性、触媒効果が高いのが特徴です。

問題で取り上げられた5つのレアメタルについて、簡単にまとめてみましょう。

マンガンは、鉄鋼の強化材として使用され、耐久性を高めるために重要な役割を果たします。また、乾電池や一部のリチウムイオン電池の材料としても用いられています。

ニッケルは、ステンレス鋼や特殊合金の成分として耐食性を高め、航空宇宙産業や自動車産業で多用されています。また、電気自動車のバッテリーにも欠かせない素材です。

　コバルトは、主にリチウムイオン電池や高性能磁石に使用されており、特にスマートフォンや電気自動車の普及に伴い需要が急増しています。

　タングステンは、非常に硬度が高く、工具や軍事用資材に欠かせません。さらに、耐熱性に優れ、宇宙産業や照明器具にも活用されています。

　バナジウムは、鉄鋼の強化に使用されるほか、再生可能エネルギーの分野ではバナジウムフロー電池として注目されています。この電池は長寿命で安定しており、大規模エネルギー貯蔵に利用されます。

　統計データを見ても分かる通りですが、レアメタルは、地球上に豊富に存在するものの、その分布は非常に偏在しています。例えば、**レアメタルの一つであるコバルトのおよそ73％（2022年、USGS）はアフリカのコンゴ民主共和国**で産出されています。

　こうした偏在性がもたらす供給リスクは、各国の経済や安全保障に大きな影響を与えています。レアメタルの需要が急増する中で、安定供給の確保においては資源分布と供給リスクを理解することが重要です。

　レアメタルの分布には、地質学的な要因が大きく関わっています。レアメタルが集中して存在するのは、**火山活動が活発だった地域や、古代にプレートが衝突してできた鉱床**などが多いようです。そのため、特定の地域に埋蔵が偏り、全世界的に見れば供給できる国が限られています。それは統計データを見れば明らかです。

この偏在性によって、**一部のレアメタル生産国が世界的な影響力を持つようになり、資源が外交の駆け引きに使われる**ことが増えています。例えば、2010年に尖閣諸島近海で日本の海上保安庁と中国漁船が衝突したさい、中国はレアアースの輸出規制を実施し、日本の先端技術産業は大打撃を受ける出来事がありました。

さらに、冷戦時代には、南アフリカ共和国がコバルトの主要供給国であったため、西側諸国はアパルトヘイト政策に対する批判を控え、安定した供給を優先しました。これらの例は、レアメタルの供給が国際関係にどのような影響を与えるかを如実に示しています。

> **1の解答例** 産出が特定の発展途上国に偏り、当該地域の政情不安などの影響を受けて供給が不安定となりやすく、国際価格が変動しやすい。（58字）

「外交カード」として利用される資源

先述のように、コンゴ民主共和国のコバルトの産出量は世界のおよそ73％を占めています。だからこそ、コンゴ民主共和国での採掘活動は「紛争鉱物」の問題と直結します。

紛争鉱物とは、採掘から販売に至る過程において、武装勢力が資金を得ることで、地域紛争を助長する鉱物を指します。コンゴ民主共和国では**武装勢力が鉱山を支配し、鉱物の売買で得た利益を武器調達などに利用している例**があり、採掘労働環境が劣悪で、特に児童労働が横行して健康被害や生命の危険にさらされる状況が問題視されています。このため、欧米企業はコンゴ民主産コバルトの調達に慎重であり、国際的に「責任ある調達」が求められています。

同様の問題は、かつてのアンゴラで発生した「紛争ダイヤモンド」にもみられました。アンゴラ内戦では、武装勢力がダイヤモンド採掘を資金源として内戦を拡大し、何万人もの人命が失われました。この「紛争ダイヤモンド」の問題を解決するために「キンバリープロセス認証制度」が導入され、紛争地域で採掘されたダイヤモンドの流通を防ぐ仕組みが整えられました。同様に、コンゴ民主産コバルトについても、トレーサビリティ（追跡可能性）を高め、倫理的な供給体制の構築が進んでいます。

　ロシアは、ニッケルやパラジウムといった重要なレアメタルの世界的な供給国です。特に、ウクライナ侵略により欧米諸国からの制裁が課されたさい、ロシアはこれらのレアメタルの輸出を制限する可能性を示唆し、欧米諸国への圧力をかけようとしました。例えば、ロシアは世界のパラジウム産出量のおよそ43％（2022年、USGS）を占めていますので、同金属の供給停止は自動車の触媒コンバーターの生産に深刻な影響を及ぼす可能性があります。

　このように、特定の資源が外交上の駆け引きに用いられるケースは、先述の中国のレアアース、アパルトヘイトを採用していた時代の南アフリカ共和国のコバルトなども同様です。

　外交とは、「武力をともなわない戦争」とはよくいったものです。

ニューカレドニアのニッケル採掘

　突然話は変わりますが、2024年5月14日、フランス議会においてニューカレドニア地方選挙に関する改革法案が可決しました。それは「10年以上ニューカレドニアに住んでいるフランス人に投票権が付与される」という内容でした。なんと「賛成351、反対153」とい

う圧倒的多数で可決されてしまいます。

　ご存じの通り、ニューカレドニアはフランスの海外領土ですが、この島には先住民のカナック人が生活をしています。つまり、今回の改革法案はカナック人の悲願である「独立」の気運にくさびを打ち込むがごとくなわけです。

　「人」は自然災害で死にますが、「人間」は社会的抑圧で死にます。

　ニッケルの産出量と国土面積から、「国土面積あたり産出量」を産出してみると、上位3か国はそれぞれ、インドネシア 0.45t/km^2、フィリピン 1.08t/km^2、ロシア 0.02t/km^{2}となっていますが、ニューカレドニアはなんと11.56t/km^{2}となっていて、「小さい島では産業の多角化が難しい」と考えさせられます。

　ニューカレドニアの輸出品目をみると、「合金鉄」「ニッケル鉱石」「ニッケルマット」「ニッケル原料」などが上位を占めていて、とにもかくにもニッケルへの依存度が高いことは間違いありません。決して観光業だけで経済が成り立っているわけではないのです。

　ここで注目したいのは「合金鉄（Ferroalloy）」です。「合金鉄」とは、鉄にニッケルやクロム、マンガンなど他の元素を足すことで作られた合金のことで、ニッケルを使った場合は「フェロニッケル（Ferro-nickel）」と呼ばれます。ニューカレドニアから輸出されている「合金鉄」のほとんどがフェロニッケル（ニッケル合金）と考えられます。

　フェロニッケルは、耐食性や耐熱性、高強度の特性をもつステンレス鋼の材料となり、ステンレス鋼は建築資材や自動車部品、家電製品など、日常生活のありとあらゆるところで使用されています。特に「自動車部品」の一つであるEV用バッテリーは、ニッケルを使用することでエネルギー密度が高くなり、エネルギー転換の観点からも不可欠な金属です。

実はニューカレドニアが最も多く「合金鉄」を輸出しているのが中国です。特にここ数年の伸びが著しく、「合金鉄」の対日輸出額1億4700万ドルに対し、対中輸出額は9億3600万ドルです。

　特に、ニューカレドニアでニッケル採掘業を営むEramet社（フランス）は、子会社を通じてガボンにてマンガン鉱の採掘、加工を行っており、孫会社はガボン唯一の鉄道であるガボン縦断鉄道を経営しています。ガボンは、17世紀頃からフランスの植民地下にあった国で、1910年にはフランス領赤道アフリカ（現在のガボン、コンゴ、中央アフリカ、チャド）の一部となり、1960年、「アフリカの年」に独立して現在にいたります。

　原子力発電割合の高いフランスがニジェールにウランを求めるように、**フランス経済を支えるために旧フランス領で鉱工業が発達している**という側面は見逃せません。だからこそフランスは旧植民地の治安維持なども担うわけですが、それが上手く機能しなくなっている典型例がニジェールでした。それはニューカレドニアも同じなのかもしれません。近年のフランスは旧アフリカ植民地での影響力を失いつつあるように思えます。旧アフリカ植民地の人々が、「フランスに搾取ばかりされて、それならまだロシアや中国と関係性を深めた方がましだ」と思う節がないともいえません。

　日常生活のありとあらゆるところでニッケルが利用されていて、特に自動車産業が主産業の一つであるフランスにとって、ニッケル埋蔵量が多いニューカレドニアの価値が非常に高いといえます。しかし、いくらフランスの海外領土とはいえ、ニューカレドニアの住民のおよそ40％がカナック人でありフランス人とは異なる民族です。また、旧フランス領時代のアルジェリアから送られた受刑者の子孫も多く生活していて、「民族」というフィルターを通してみれば、ニューカレドニアはもはやフランスとは言いがたい面があります。

そんなニューカレドニアで、「10年以上ニューカレドニアに住んでいるフランス人に投票権が付与される」という地方選挙改革法案が可決したわけですから、暴動が起きるのも無理はありません。

フランスは、次世代の経済戦略として電気自動車に注力する方向性を示していますので、ニューカレドニアを「ニッケル供給地」として重宝し、言うことを聞かせたいわけです。

しかし、この21世紀において「武力で言うことを聞かせる」なんてことができるわけもなく、なるべくフランス人の割合を増やそうと法に則って事を進めるわけです。もちろんニューカレドニアはこれに対して反発しているわけであって、だからこそ暴動が起きました。自分たちの社会を必死に守ろうとするニューカレドニア住民の魂の叫びでもあり、カナック社会主義民族解放戦線（FLNKS）などの独立賛成は、独立国家の樹立を叫んでいます。

マクロン仏大統領は言いました。

「我々が大規模な工業の再構築を進める今、ニッケルはフランスと欧州にとって主要な戦略資源だ！」

ニューカレドニアで発生した暴動は、死亡者10名、数百名の負傷者を出すほどの大規模なものとなりました。フランスがこれほどまでにニューカレドニアを掌握しようとしたのは、ひとえに「ニッケルの支配」であり、電気自動車における対中国の意識の高まりといえます。

電気自動車とレアメタル

> **2** レアメタル資源に関して、日本やヨーロッパ諸国などが実施している主な資源政策を2つ、合わせて2行以内で述べなさい。

　また、近年は技術の進化により、レアメタルの需要がますます高まっています。特に、電気自動車の普及や再生可能エネルギーの利用拡大によって、リチウムやコバルト、ニッケルなどの需要が急増しています。これにより、供給不足や価格の急騰が懸念されており、資源を安定的に確保するための対策が急務となっています。

　各国はこの状況に対処するため、いくつかの戦略を取っています。日本やヨーロッパ諸国では、リサイクル技術の開発や資源の多角化が進められています。例えば、**使用済みの電子機器からレアメタルを回収する「アーバンマイニング」と呼ばれるリサイクル**が進められており、都市鉱山としての活用が期待されています。

　また、レアメタルの使用量を減らすための代替材料の開発も重要な課題となっています。こうした取り組みは、資源の枯渇リスクを抑えるだけでなく、環境負荷の低減にも貢献しています。

　一方で、生産国側でも供給の安定を目指した取り組みが進んでいます。特に、中国やロシアといった主要産出国は、レアメタルの生産・輸出において政府主導の管理体制を強化し、国内の需要や国際市場に対応しています。こうした政策により、レアメタルの価格や供給が国家の意向によって左右されることが多くなり、輸入国は慎重な対応を迫られています。

> **2の解答例** 既存の鉱山とは別に鉱山開発を進めることで資源供給地を分散化し、またレアメタルの代替金属や代替技術の研究・開発を行う。（58字）

　問題には「主な資源政策を2つ」と書かれてありますので、上記のような解答例にしてみましたが、他にも、「備蓄」「リサイクルの推進」などが考えられます。

EV推進の皮肉

　近年は、地球温暖化防止の取り組みとして、世界中で電気自動車（EV）の推進が叫ばれています。

　しかし現実として、ヨーロッパ諸国は環境対策を掲げながらも、自動車業界における競争で優位に立つことを狙い、規制を電気自動車に有利な方向へと進めているように思います。その流れの中で、トヨタ自動車が得意とするハイブリッド技術は不利な立場に置かれ、こうした大義名分は事実上の「トヨタ潰し」ともいえます。

　さらに、ヨーロッパ諸国は自国の産業に不利益が生じた場合、容易にルールを変更する柔軟性（?）を見せており、この対応が業界全体に不安定さをもたらします。しかし、ヨーロッパが電気自動車推進に注力する一方で、重大な課題が見過ごされています。それは、**電気自動車の製造に不可欠なレアメタルやレアアースの供給問題**です。

　電気自動車のバッテリーにはリチウムやコバルト、ニッケルといった希少な資源が必要であり、これらの供給が安定しなければ、ヨーロッパのEV産業は成り立ちません。現在、これらの資源は中国に多く依存しており、ヨーロッパ諸国が資源調達の課題に直面する中

で、中国はレアメタルやレアアースの産出に強みを持っています。

　中国はこうした資源の確保により、安価な電気自動車を大量生産できる体制を整えており、その結果、ヨーロッパ市場に低価格の中国製EVが流入しています。

　これは、地球温暖化対策を進めてきたヨーロッパ諸国にとって皮肉な結果といえます。**自国産業を守るために推進した電気自動車の普及が、結果的に中国製EVの普及を加速させ、ヨーロッパ市場を席巻する結果を生んでいるわけです。**

半導体需要の増大とレアメタル

　レアメタルは、LEDや高周波デバイス、耐久性の高いコンデンサーなど、半導体の各種機能を向上させるために重要な役割を果たしています。

　現代のデジタル社会は、5G通信やAI、電気自動車の普及により、かつてないほどの半導体需要に支えられていますので、ガリウムやインジウム、タンタルといったさまざまなレアメタルが不可欠です。

　しかし、これまで述べてきたように、レアメタルの多くが特定の地域に偏在しており、ある日突然、供給がストップしてしまうリスクを抱えています。また何かしらの理由で世界のどこかの海峡が通れなくなることでサプライチェーンが寸断されてしまうこともあります。2021年3月にコンテナ船の座礁によってスエズ運河が6日間通行できなくなったことは、そうしたリスクを示す象徴的な出来事でした。

　半導体の製造に必要なレアメタルの需要増加は、資源価格の上昇を招いています。特に、5G通信や電気自動車の需要拡大にともない、ガリウムやインジウムの価格が急騰しており、半導体メーカーは製造コストの上昇に直面しています。コスト高は製品価格に転嫁されるため、消費者の負担が増えます。最近のスマートフォンの価格の高いこと高いこと……。

そのため先述のように、「アーバンマイニング」という取り組みも進められています。「想い出が詰まっているから……」という意見もあるでしょうが、家で眠っている、かつて使っていたスマートフォンや携帯電話などは、さっさとリサイクルに回しましょう。「掘り起こせ！あなたの街の　都市鉱山」といったところです。

デジタル社会の拡大とともに、半導体やレアメタルの需要はますます高まると考えられます。技術革新やサプライチェーンの多様化が求められる中、資源の安定供給を確保するための取り組みが、各国の産業競争力や経済安全保障に大きな影響を与えることが予想されます。そして、日本がオーストラリアから鉄鉱石や石炭、液化天然ガスを輸入するとき、そのルート上に東南アジアやミクロネシア地域があるように、単に供給先との関係構築だけでなく、**輸送ルートの確保という視点も重要**です。

日本経済の未来を読むとは、「それがどこなのか？」を地図上で理解することでもあるといえます。

2-2 クリーンエネルギーとして注目！「天然ガス資源」を学ぶ

(2024年度第1問設問B)

設問B 天然ガスは、石油や石炭よりもクリーンなエネルギー資源として需要が高まっている。世界の7つの地域における天然ガス資源に関わる以下の問いに答えよ。

なお、7つの地域は、アジア太平洋、アフリカ、中東、中南米、独立国家共同体、北米、ヨーロッパである。

天然ガスの年間生産量(億立方メートル)

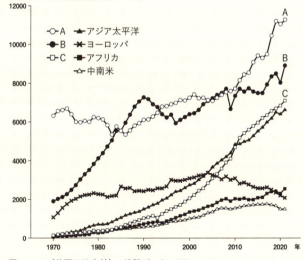

図1-3　BP(英国石油会社)の統計データによる。

クリーンエネルギーとしての天然ガス

　天然ガスは、「クリーンエネルギー」の一つとされます。

　まず、**天然ガスは他の化石燃料と比べて、燃焼時における二酸化炭素の排出量が少ない**ことが挙げられます。同じエネルギー量を得るさいに、二酸化炭素排出量は石炭のおよそ半分、石油のおよそ70％に抑えられるため、温暖化対策としての効果が期待されています。さらに、天然ガスには硫黄成分がほとんど含まれていません。燃焼しても有害な硫黄酸化物（SO_X）や微小粒子状物質（PM）の発生が少ないため、大気汚染の抑制にもつながり、窒素酸化物（NO_X）の発生も少ないため酸性雨やスモッグといった環境負荷の軽減にも寄与しています。また、**燃焼効率が高くエネルギーを効率よく利用できる点**も、天然ガスがクリーンエネルギーとされるゆえんです。

　古代中国は、世界に先駆けて地下に眠る石油と天然ガスを採掘し、産業利用にまで発展させた国の一つです。その歴史は紀元前の時代にまで遡り、特に四川盆地の自貢市では紀元前3世紀に天然ガスが発見され、竹の管を使ってガスを塩の製造や灯火に利用する技術が確立されていたといいます。これが後のパイプライン技術の始まりとされ、当時の中国は石油開発分野でも高度な技術を誇っていたようです。

　中国の六朝時代の東晋に、『異苑』という志怪小説（奇怪な話を集めた小説）があります。著者は劉敬叔という宋の人物です。『異苑』には、以下のような逸話が書かれています。

　　蜀郡臨邛有井常有火出　漢室盛時火亦盛
　　至桓靈之世火漸微　諸葛亮嘗臨視之火復盛
　　景耀元年　有人投燭於井火遂滅
　　是歳蜀亡

この記述は蜀漢の運命を井戸の火勢に喩えた描写です。「漢王朝が繁栄していた時期には井戸の火が盛んであり、桓帝・霊帝の時代には火勢が衰えたとされています。諸葛亮が井戸を訪れた際には再び火が盛んになり、景耀元年（258年）に誰かが蝋燭を井戸に投げ入れると火が消え、その年に蜀漢が滅亡した」という意味のようです。

　実際に蜀漢が滅亡したのは「263年」ですが、そんな間違いは置いておいて、蜀漢の版図が四川盆地を含んでいたため、先ほどの「四川盆地の自貢市では紀元前3世紀に天然ガスが発見され」ていたという話が理解できるというものです。

　そんな天然ガスに関連して、トルクメニスタンの「地獄の門」という不思議な場所をご存じでしょうか。

　「地獄の門」は、カラクーム砂漠のダルヴァザ村近郊にある直径70m、深さ30mの巨大なクレーターで、まるで地球の内側に続いているかのような大きな穴が口を開けています。1971年、旧ソ連が天然ガス採掘を試みたさいに地盤が崩落し、有毒ガスの放出を防ぐために火を点けた結果、現在まで50年以上にわたり燃え続けています。それ以来、「地獄の門」として、神秘的かつ畏怖の念を抱かせる観光名所となっています。

　「地獄の門」を訪れるには、トルクメニスタンの首都アシガバットから車で4時間かかります。周辺は昼夜の気温差が大きく、夜はかなり冷え込むため防寒対策が必要です。また、周辺に宿泊施設がないため、地獄の門を訪れる多くのツアーではテント泊が基本となっています。トルクメニスタンを訪れる機会があれば、一度その圧倒的な光景を目にしてみるのも面白いのではないでしょうか。

シェール革命とフラクチャリング

　2023年のEI統計によると、天然ガスの生産量は、1位アメリカ合衆国（25.5％）、2位ロシア（14.4％）、3位イラン（6.2％）、4位中国（5.8％）、5位カナダ（4.7％）となっています。生産量に関しては長らく、アメリカ合衆国とロシアの二強でしたが、現在はアメリカ合衆国が世界のおよそ4分の1を占めるほどになりました。

　これは2000年代後半から生産量が増加したシェール革命が背景にあります。シェールと呼ばれる頁岩には油母「ケロジェン」を含んだものがあって、これをオイルシェールといい、ここから取り出された原油がシェールオイル、天然ガスがシェールガスです。

　これによって**アメリカ合衆国は原油、天然ガスともに世界最大の生産量**を誇るようになりました。そして、アメリカ合衆国内の火力発電は、燃料が石炭から天然ガスへと転換し、輸出余力が増大した石炭は輸出に回されるようになりました。つまり、**アメリカ合衆国の脱石炭が進んでいる**といえますし、実際に、2019年には会社更生法を申請した石炭採掘業者があったほどです。

　そのシェールオイルやシェールガスの採掘を可能にしたのが、「フラクチャリング（水圧破砕法）」と呼ばれる技術で、2006年に確立しました。シェール層に深く井戸を掘り、高圧の水と砂、少量の化学物質を注入して岩盤を破砕し、閉じ込められていた油やガスを抽出します。この技術の登場で、これまで経済的に採算が取れなかったシェール層から効率的にエネルギーを得ることができるようになりました。

　アメリカ国内ではフラクチャリング技術の普及によってエネルギー自給率が劇的に改善され、輸入に頼っていたエネルギーを国内供給で賄えるようになりました。これが「シェール革命」と呼ばれるゆえんです。

一方で、フラクチャリングには環境面での課題もあります。大量の水と化学物質を用いるため、地下水の汚染や水資源の負担が懸念されるほか、地震リスクも指摘されています。こうした問題を抱えながらも、アメリカ合衆国はシェール革命を推し進め、世界のエネルギー市場においても影響力を強めています。

ソビエト崩壊後の「ロシアの国家戦略」とは？

　天然ガスの生産量において、アメリカ合衆国に次いで多いのがロシアです。ロシアは1991年12月にソビエト連邦が崩壊するまでは、ソビエト連邦構成国の一つでした。ソビエト崩壊後は社会的混乱によって生産量が減少します。これはエネルギー関連の社会資本の老朽化による生産性の悪化、ロシア以外の国での資源管理が不十分であったこと、社会主義国家に散見される技術資本の停滞などが原因と考えられます。

　ソビエト崩壊以前は、1970年から1990年にかけて急増していました。これは寒冷なソビエト連邦において、**石油や石炭よりもエネルギー効率が良いこと、ヨーロッパ諸国への輸出資源として価値を見いだしていたこと、それを通じて外貨獲得による経済成長を目指したこと**などが考えられます。実際に、ロシアからヨーロッパへ伸びるパイプラインが幾つも建設され、運用されました。

　天然ガスの採掘は、ウクライナやカザフスタン、トルクメニスタン、ウズベキスタン、アゼルバイジャンなどでも行われていました。高等学校の「地理」では、「原油の埋蔵は褶曲構造の背斜部に多い」と習います。特にアゼルバイジャンは国土をカフカス山脈が横断して、褶曲構造を形成しているからと想像できます。上向きに隆起した場所（背斜部）には天然ガスや原油が埋蔵し、上層に不透水層を持つため地上に漏れ出さずに埋蔵されているわけです。

さらに、天然ガスは褶曲構造以外にも、断層構造や塩丘構造、ドーム構造といった「トラップ構造」によっても閉じ込められています。まず断層構造ですが、これは地殻変動で地層がずれることで生じる構造です。断層のずれにより透水性の高い地層と不透水層が隣り合うと、その間に天然ガスや石油が閉じ込められます。この断層面がシール（封じ込め）機能を果たし、天然ガスや原油が逃げずに蓄積されるわけです。

　次に、塩丘構造があります。これは地下の岩塩層が長年の圧力により上方に押し上げられて「塩丘」と呼ばれる隆起を形成することで、周囲の地層に傾斜を生じさせます。この傾斜に沿って天然ガスや石油が集まり、塩丘の周りに閉じ込められる仕組みです。

　メキシコ湾岸などで多く見られ、豊富な石油・天然ガスの埋蔵地として知られています。

　最後に、ドーム構造です。これは地殻の上昇やマグマの貫入などによって地層が均等に上向きに膨らむ構造で、ドームの頂部に天然ガスや原油が集中しやすくなります。褶曲構造と似ていますが、より広範囲にわたるドーム状の膨らみが特徴です。

　これらの構造はトラップ構造と呼ばれ、石油や天然ガスは地中に蓄積され、効率よく採掘されることが可能になります。それぞれの地体構造が特定の地域に形成されることで、埋蔵地の多様性が生まれています。

　1990年代後半になると、特にロシアでは新たな資本が投入され、エネルギー関連の社会資本の再構築、新しい採掘技術の導入が進み、ロシア政府がエネルギー産業を国家戦略として強化し、特にヨーロッパ向けの輸出が伸びました。時代背景として、ロシアの通貨であるルーブルが安かったことで、ドル建て取引よりも安価に提供できたことが挙げられます。

石油に依存する経済構造からの脱却

中東地域での原油採掘は20世紀初頭に始まり、1908年に現在のイランでペルシャ油田が発見されたのが最初とされます。この油田を採掘するためにアングロ・ペルシャ石油会社（APOC）が設立され、これが後のBP社の始祖企業です。これを契機に、サウジアラビアやイラク、クウェートなどでも次々と石油資源が開発されました。

しかし、1950 ～ 1960年代にかけて中東諸国を中心に**資源ナショナリズム**が高揚します。

資源ナショナリズムとは、**自国に埋蔵される鉱産資源を自国の利益や発展のために最大限活用し、外国の影響や支配を排除しようとする考え方**です。植民地時代には、多くの国の天然資源が宗主国や外国企業に支配され、その利益が国外に流れていましたので、資源ナショナリズムの高揚は必然といえます。

外国人移民が増え、彼らに対する保護が手厚くなればなるほど、「もっと税金を国民のために使ってくれ！」となるのと同じです。

当時、石油価格を支配していたオイルメジャーに対抗するために、1960年、イラクのバグダッドにてアラブ諸国を中心にOPEC（石油輸出国機構）が結成されました。これにより、OPECは石油の価格や供給量をコントロールする力を持ちます。1973年の第四次中東戦争では、アメリカ合衆国などの親イスラエル国家に対してアラブ諸国が石油の供給を制限して価格を急騰させたことから、石油の価格支配の主導権が産油国へと移っていきました。こうした資源ナショナリズムの高揚が**資源供給を不安定なものとし、国際市場に与える影響が大きくなるリスク**を抱えることとなりました。

まさしく、「資源が外交カードになる」ということです。

中東諸国が天然ガス採掘を進めた背景には石油依存度を下げる

意図がありましたが、これはすべての産油国に共通する動きではありません。EIA統計（2022年）を利用して、中東の天然ガス産出国における、生産量に対する輸出量の割合を算出してみました。

カタール	70.7%
イスラエル	46.0%
オマーン	36.7%
アラブ首長国連邦	12.9%
イラン	7.8%

　カタールやイスラエル、オマーン、アラブ首長国連邦（UAE）は天然ガス資源を活用して経済の多様化を進めていることが分かります。特にカタールはLNGの輸出で成功しており、生産量のおよそ71%を輸出に回しています。一方で、サウジアラビアやイラク、バーレーン、クウェートなどでは依然として石油依存が続いており、天然ガス開発は進んでいるもののほとんどが国内消費向けのようですから（「輸出量／生産量」は0%）、輸出による主要な収入源となるには至っていません。

　ちょっと意外に思うかもしれませんが、**近年イスラエルの天然ガス輸出が伸びています。**イスラエルでガス田が発見されたのは2009年（タマールガス田）と2010年（レヴィアタンガス田）のことです。「レヴィアタン」とは、旧約聖書に登場する海の怪物のことで、日本では「リバイアサン」という呼称で見聞きします。イスラエルは元々原油や天然ガスの採掘技術を持っていませんでしたので、米国企業の支援によって採掘が進みました。

　イスラエルは採掘した天然ガスをエジプトとヨルダンに輸出しています。エジプトは人口が1億人を超え、その多くがナイルデルタ周辺で生活をしていますので、地理的に近い「地の利」を活かし、エ

ジプトのエネルギー需要を取り込んでいます。また、ヨルダンとは2021年に水・エネルギー分野での協力関係が構築されています。

イスラエルはヨルダンへ**「水」**と**「液化天然ガス」**を輸出し、ヨルダンはイスラエルへ<u>太陽光発電による「電気」を輸出</u>しています。ヨルダンの首都アンマンの年降水量は270mmと極端に少ないため、水資源の確保は困難です。しかし、<u>雨が降らないということは雲が出ないということですから、太陽光に恵まれ、これを利用した発電が行われています。</u>

一方のイスラエルも国土の大部分が乾燥気候を示しており、水資源に恵まれない国です。そこでイスラエルでは、「点滴灌漑」を開発しました。点滴灌漑とはチューブを通して効率的に水を農作物に供給するシステムのことです。チューブの穴から水を出し、点滴のようにポタポタと農作物に対して水を供給していきます。潤沢な水資源に恵まれないからこそ、いかにして有効活用するかを徹底的に考えて開発されたシステムです。

> **1** 　図1-3は、1970年から2021年の天然ガス年間生産量の推移を示した図である。A、B、Cに該当する地域を以下の3つの地域から選んで、A−○○のように答えよ。なお、独立国家共同体は、ロシアおよびソビエト連邦から独立した共和国からなる国家連合を示す。
>
> 　独立国家共同体　中東　北米

> **2** 　図1-3のAの地域では、新しい技術の導入により2010年頃から天然ガスの生産量が急激に増え、この変化は（　　　　）革命と呼ばれている。括弧内に入る語句を答えよ。

（1）は、1970年代から2021年にかけての天然ガス年間生産量

第2章
第3章
第4章

「世界経済」は東大地理で学べ！

の推移を表した図1-3中のA 〜 Cがどの地域を表したものかを答える問題です。

図1-3中で、2000年代後半より急増しているAがアメリカ合衆国を含む、「北米」と考えられます。もちろん「シェール革命」が背景にあります。Bは1990年代前半で減少傾向にあり、その後増加に転じていることから、ロシアを含む「独立国家共同体」ですね。そして近年、天然ガス生産量が急増している地域こそが「中東」です。

> **1の解答例**　A－北米　B－独立国家共同体　C－中東

> **2の解答例**　シェール

陸はパイプライン、海はLNG船

天然ガスの輸送には、一般に陸上ではパイプライン、海上ではLNG船が用いられています。

パイプライン輸送は、比較的近距離を輸送するのに適しています。近距離といっても数kmから数千kmの長さがあり、世界最長とされる天然ガスパイプラインの「ヤマル・ヨーロッパ」の全長は2000kmもあります。このパイプラインは、ロシアのヤマル半島周辺で産出した天然ガスをヨーロッパへ輸送するものです。

パイプラインは一度敷設すると、**連続的な供給が可能であり、輸送コストが抑えられるため、長期的な安定供給に適しています**。しかし、敷設には多額の初期費用を要すること、また輸送元と輸送先が固定されるため輸送の柔軟性に欠けること、さらにはテロの標的として狙われやすいことなどのデメリットがあります。

一方、LNG船は海上輸送のさいに利用されています。LNGとは液化天然ガスのことであり、ガスの生成により不純物を除去し、－162°に冷却して液体にします。体積がおよそ600分の1に縮小されるため、一度に輸送できる量が多くなり、輸送コストの低減に繋がります。

　水分を飛ばしてペースト状に加工して輸送し、販売のさいに水分を加えて元の濃度へと還元させる「濃縮還元ジュース」も、輸送コストを抑制するという意味では同じことです。

　船舶輸送は**需要の変化に応じて柔軟に輸送先を変更でき、地理的な制約が少ないため新規市場の開拓に役立ちます。**しかし、液状化やLNG船の建造にかかるコストが高いこと、また海上輸送の事故リスクをともなうといったデメリットがあります。

　例えば日本の場合は島嶼国であるため、天然ガスの輸入はLNG船で行います。そのため、受け入れ、貯蔵、天然ガスに戻す（再ガス化）施設であるLNG基地は沿岸部に立地し、ここからパイプラインで主に発電所や都市ガス会社などへと送られます。日本での天然ガス利用は発電用がおよそ70％を占めており、民生用や産業用の割合が小さくなっています。

　一方、ヨーロッパや北米では、発電用は前者がおよそ40％、後者がおよそ30％とあまり高くなく、多くが民生用や産業用として利用されています。これはパイプラインなどのインフラが整備されていることで、天然ガスを気体のまま輸送して安価に利用することが可能であることが背景です。島嶼国なのか、大陸国なのか、地理的条件が反映されていると考えられます。

3

図1-4は、世界の7つの地域（ア〜キ）における2021年の天然ガスの輸出・輸入量を、パイプラインによる輸送とLNG（液化天然ガス）としての輸送に分けて示したものである。見出し行（横軸）が輸出した地域、見出し列（縦軸）が輸入した地域を示す。輸出と輸入の地域が同じ箇所は、同じ地域内の国家間の輸出入を示す。以下の3つの地域はア〜キのどれにあたるか、地域名 - ○のように答えよ。

　　アジア太平洋　　独立国家共同体　　ヨーロッパ

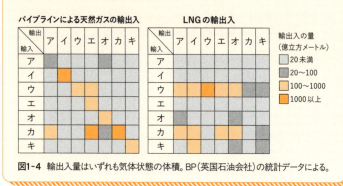

図1-4 輸出入量はいずれも気体状態の体積。BP（英国石油会社）の統計データによる。

以上の背景知識をもって解くことを意図して、(3)の問題が作成されたと考えられます。

図1-4は、「パイプラインによる天然ガスの輸出入」と「LNGの輸出入」を表したマトリクス表です。地域カは、天然ガス、LNGともに輸入超過となっているため、経済が高度に発展しエネルギー需要の大きい地域と考えられます。特に天然ガスの輸入量が多いことから、他地域と陸続きでパイプラインの建設が進んでいると考えられるヨーロッパと判断できます。

ヨーロッパに向かうパイプラインには、ロシアや中東、アフリカなどから伸びています。そしてヨーロッパ域内でのパイプライン輸送

が盛んのようですが、これはノルウェーからの輸送と考えられます。

　ノルウェーは沖合の北海油田の恩恵を多分に受けている国であり、ここで産出する原油や天然ガスの多くを輸出しています。ノルウェーはおよそ550万人と人口規模が小さいこと、またエネルギーのほとんどを水力発電（89.01％）と風力発電（10.34％）で賄っている（2022年、EIA）ため発電用燃料としての原油・天然ガスの需要が小さいことなどから、輸出余力が非常に大きい国です。

　ノルウェーの輸出品目（2022年）は、「天然ガス」（52.4％）、「原油」（21.3％）、「魚介類」（5.5％）となっており、天然ガスと原油がノルウェー経済を支えているといえます。そのため、**他国に影響されないエネルギー政策を実現できるメリットから、長年にわたり欧州連合（EU）には加盟していません。**

　ヨーロッパにパイプラインで天然ガスを輸出している地域エは、ロシアを含む、独立国家共同体と判断できます。ロシアにはパイプラインが張り巡らされていて、ノルドストリームやサウスストリーム、ヤマル・ヨーロッパなどが知られています。また「サハリン・ハバロフスク・ウラジオストクパイプライン」はその名の通り、ロシアの東部を縦断するパイプラインです。またロシアのヤクートから中国・黒竜江省へと延びる、「シベリアの力」は、今後は「サハリン・ハバロフスク・ウラジオストクパイプライン」に接続するという計画があるようです。

　実は「シベリアの力」に次いで「シベリアの力2」の建設が予定されていました。しかし、シンチャンウイグル自治区に延ばすパイプラインは山岳地帯を通過するため建設コストが高くなると判断され、いったんは計画が中止になりました。その後、モンゴルを経由するルートで具体的な計画が再開されましたが、モンゴルがこの計画を2028年までは実行しないことを明言しています。

これは、ロシアによるウクライナ侵略が大きな影響を及ぼしていると考えられます。2022年2月以降、欧米諸国による対ロシア制裁の影響が大きく、また戦争によって戦費が増加し、国内経済が厳しい状況にあるため、「建設されるかどうかも分からない計画を待つわけにはいかない！」といったところなのでしょう。

さて、図1-4では地域エが、地域エへの輸出、地域ウと地域カ（ヨーロッパ）に対し、パイプラインによる天然ガス輸出が盛んであることから、地域ウが「アジア太平洋」と判断できます。主力となっているパイプラインは「シベリアの力」でしょう。

地域ウが「アジア太平洋」となる根拠として、LNGの輸入が多いことが挙げられます。**アジア太平洋地域は島嶼国が多いため、LNG船による輸入が主流**となっています。特に地域ウは、地域内輸送量が最大となっていることから、オーストラリアやインドネシア、マレーシアなどが輸送元となり、日本や台湾、中国、韓国などが輸送先と考えられます。

> **3 の解答例**
> アジア太平洋＝ウ、独立国家共同体＝エ、ヨーロッパ＝カ

シーレーンを確保せよ

> **4**　図1-3と図1-4を参考に、日本のエネルギー資源確保の観点からみた天然ガスの特徴を石油と比較しながら3行以内で述べよ。

日本の原油の輸入先（2022年）は、サウジアラビア（39.4％）、アラブ首長国連邦（37.8％）、クウェート（8.2％）、カタール（7.0％）、エクアドル（1.9％）となっています。他にもオマーンやバーレーンからも輸入していますので、中東への依存度が高いことが分かります。

　これは、**中東情勢が不安定になった途端に原油の供給が止まる可能性がある**ことを意味しています。1973年の第一次オイルショックをきっかけに、万が一に備えて1978年より国家備蓄を開始しました。しかし、国家備蓄量は138日分しかなく、民間備蓄に至っては93日分しかありません。つまり1年も持たないわけです。

　一方、LNGの輸入先（2022年）は、最大がオーストラリア（42.7％）、次いでマレーシア（16.7％）となっていますので、輸送ルートであるシーレーンの安全確保が極めて重要な外交案件となります。**安全保障の観点から、エネルギーと食料の確保は極めて重要です。**特に日本のような、これらの輸入依存度が高い国ではなおさらです。

> **❹の解答例**　中東への依存度が高い原油に対し、天然ガスはオセアニアや東南アジア、北米などに輸送元を分散して供給の安定性を高めているが、輸送ルートとなるシーレーンの安全確保が重要である。（85字）

ロシアによるウクライナ侵略以降の動向

　さて、東大受験者ならば、ここまではすんなりと解答できたのではないかと思いますが、図1-4中のア・イ・オ・キの判定もしてみましょう。

北米と中南米は、ヨーロッパやアフリカ、アジア太平洋からの物理距離が大きいため、域内輸送は可能ですが、他地域とのパイプライン輸送は非現実的です。域内輸送だけとなっているのは地域イと地域キですので、輸送量の大小から、より経済水準の高く、世界最大の天然ガス消費量を誇るアメリカ合衆国（2023年、EI）を含む北米が地域イ、残った地域キが中南米と考えられます。

　次に、地域オから地域アへのパイプライン輸送の量は大きいのですが、逆は小さいことがわかります。ひょっとすると、ゼロかもしれません。こうなると、近年天然ガス産業に注力している中東が地域オになると考えられます。

　地域アのアフリカは、地中海沿岸のアルジェリアやリビア、エジプト、ギニア湾岸のナイジェリアなどが主な天然ガス生産国です。アルジェリアは旧宗主国であるフランスを始め、スペインやイタリアへも輸出しています。リビアの天然ガス輸出は旧宗主国のイタリア向けが中心です。エジプトはスエズ運河を利用し、ヨーロッパにもアジア太平洋にもLNGを輸出しています。そしてナイジェリアは、LNGを輸出する国として知られています。

　ここで面白いのは、**なぜナイジェリアからパイプラインが延びていないのか**ということです。それもそのはず、ナイジェリア周辺は政情が不安定な国が多いためパイプラインの管理が難しいこと、アフリカの中では経済水準が高く需要の大きい地中海沿岸諸国まではサハラ砂漠が存在すること、またこれらの国々は輸出国であるためナイジェリア産天然ガスを欲していないことなどから、ナイジェリア産天然ガスはもっぱらLNG船でヨーロッパやアジア太平洋に輸出されています。しかし、2022年2月のロシアによるウクライナ侵略以降、歴史的転換期が訪れました。

それは2024年2月、ドイツがアルジェリアから天然ガスを輸入することが決まったことでした。ロシアによるウクライナ侵略以降、ロシアからドイツへの天然ガス輸出が止まっていますので、ドイツは代替輸入先を見つける必要がありました。まずノルウェーからの輸入に切り替え、現在はドイツの天然ガスの最大輸入先はノルウェーとなっています。また「変な地名」でおなじみのオランダのフローニンゲンでの天然ガスは、長年の採掘で地盤沈下を起こし、2022年を持って採掘は終了の予定でした（最終的には2023年10月に終了）。そこに来てロシアによるウクライナ侵略が起きたわけです。

　ピンチに陥ったヨーロッパに天然ガスを供給していたのが、世界最大の天然ガス輸出国であるアメリカ合衆国でした。しかし、ヨーロッパとアメリカ合衆国間は船舶輸送しかできず、急ピッチでLNG基地を建設しようにも数年はかかります。イタリアは、すでに稼働していたアルジェリアと結ぶトランスメッドガスパイプラインの輸送量を拡大して対応していました。

　そこで新たにドイツが目を付けたのが、地中海沿岸のアルジェリアだったというわけです。**アルジェリアの天然ガス生産量はアフリカ最大**であり、輸出余力は十分にあります。アルジェリアから海を渡ってイタリア、オーストリアを経由してドイツに輸送されるのですが、イタリアとオーストリアを結ぶ「トランス・オーストリア・ガス（TAG）」というパイプラインを利用します。イタリアとドイツは陸続きではありませんし、両国の間にはアルプス山脈が縦断していますので、パイプラインの建設は困難を極めます。まずは既存のパイプラインを活用しようというわけです。

　TAGの面白いところは双方向運転が可能だということです。これまではロシアからオーストリアを経由してイタリアへ輸送されていたのですが、今後はその逆の流れが起きるわけです。**アルジェリアはドイツの需要も取り込むこととなりますので、大きな経済成長が期待**

できるかもしれません。

　こうなると、ナイジェリアとアルジェリアを南北に結ぶ、サハラ砂漠を縦断する「トランスサハラパイプライン」の建設に期待がかかります。このパイプラインの建設計画は1970年代からあったものの、やはり輸送ルート周辺の政情不安から計画は一向に実行に移っていませんでした。

　しかし、ロシアによるウクライナ侵略を受けて、2022年6月には建設計画が復活するのですが、2023年7月にニジェールで軍事クーデターが勃発して大統領が拘束され、軍事政権が誕生してしまったことで、暗礁に乗り上げてしまいました。

　しかも、この時の軍事クーデターを引き起こした軍人たちには、米軍によって訓練された者が多かったといいます。ニジェールにしてみれば、「旧宗主国であるフランスは役に立たない、アメリカ合衆国は世界の至るところで混乱を引き起こす、イスラーム過激派の台頭は止まらない、となれば頼れるのはロシアしかいない」といったところかもしれませんし、そんな混乱に乗じてロシアが影響力を行使した、その先鋒がロシアの準軍事組織ワグネルだったのかもしれないと邪推してしまいます。実際に、ロシアの国営ガス会社であるガスプロムは、2023年12月期決算が、1999年12月期以来の赤字となっていますので、なおのこと……。

2-3 揺れ動くアメリカ合衆国！「産業構造の変化」と未来

(2022年度第2問設問A)

設問 A

図2-1は、アメリカ合衆国（アラスカ・ハワイ両州を除く）の州別の人口変化率（1970～2010年）を示したものであり、表2-1は、4つの州の人口構成をまとめたものである。以下の問いに答えよ。

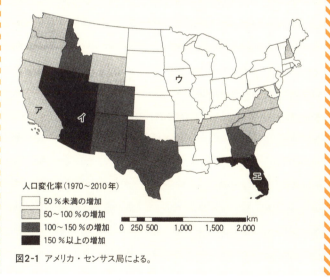

図2-1 アメリカ・センサス局による。

東部13植民地から始まったアメリカ合衆国の歴史

　2024年11月、アメリカ合衆国にて第47代大統領を決める選挙が行われました。

　アメリカ大統領選挙は「選挙人による間接選挙」で行われます。現代のアメリカ大統領選挙は、時に国論が二分されるほどに熾烈な争いとなります。

　「初代大統領」は別として、ジョン・F・ケネディは「カトリック教徒初の大統領」、バラク・オバマは「アフリカ系初の大統領」、ヒラリー・クリントンは「（当選すれば）女性初の大統領」、今回、ドナルド・トランプと戦ったカマラ・ハリスは「（当選すれば）アジア系・アフリカ系、および女性初の大統領」と、「〇〇初」がいくつか聞こえてくるたびに、いかにアメリカ合衆国が多様性に満ちた人工国家であるかがわかります。

　話は突然変わりますが、「ドラゴンクエストⅢ　そして伝説へ…」は、実際の大陸の配置を参考にしてマップが作られています（未プレイの方は申し訳ありませんが、しばしお付き合いください）。そのため北アメリカ大陸を模した大陸があるのですが、そこに「商人の町」があります。最初はただの原野が広がっているだけですが、そこにご老人が一人住んでいます。「商人を連れてきてほしい」というご老人に従って、ルイーダの酒場で仲間にした商人を連れていくと、その後はあくせく働く商人のおかげで町が発展していきますが、商人の強引な統治に町人たちが不満を持つようになり、挙げ句の果てには革命が起こり、商人は牢屋に幽閉されてしまいます。

　この「商人の町」は、商人の名前の後に「バーク」と付けた町の名前が付けられます。商人の名前が「みやじまん」ならば、「みやじまんバーク」となります。FC版は、名前は4文字までしか名付けられませんでしたけどね。

「商人の町」が北アメリカ大陸を模した大陸の東部に位置するため、イギリスが北アメリカ大陸にて最初に建設した植民地であるジェームズタウンでの実際の出来事を模したイベントであると推察できます。ジェームズタウンは現在のバージニア州に存在した集落であり、当時の「バージニア植民地」の首都でした。「バージニア」という名前は「処女王」と呼ばれたエリザベス1世から名付けられました。

1622年には、土地を奪われた先住民ポウハタン族によるイギリス人入植者の虐殺（ジェームズタウンの虐殺）が発生しています。後年1699年になると、バージニア植民地の首都はジェームズタウンからウィリアムズバーグへと移されます。「バーグ（burg）」という語尾が「砦」や「城塞」を意味することから、この地の地理的重要度の高さが窺えます。まるで、日本の戦国時代の墨俣に城が築かれたかのごとくですね。

フレンチ・インディアン戦争のさいに、オハイオ川上流に位置するアレゲニー川とモノンガヒラ川の合流点を英仏が取り合ったことは、**要衝を押さえる**ということでもあり、この戦争に勝利したイギリスは、イギリスの政治家ウィリアム・ピットにちなんでここに「ピッツバーグ（Pittsburgh）」と名付けました。「burgh」などは、スコットランド由来のスペルです。

「商人の町」は、さすがにそのまま「○○バーグ」とは名付けず、「○○バーク」としてありますが、ほんの一部とはいえアメリカ合衆国の歴史を垣間見ることのできるゲーム内でのイベントです。

アメリカ産業構造の転換

さて、図2-1では、4つの州が示されています。4つの州はそれぞれ、アーカリフォルニア州、イーアリゾナ州、ウーアイオワ州、エーフロリダ州です。まず図2-1を見ると、「1970年から2010年にかけて、米国では主に南西部で人口が増加していた」と理解できます。

101

「アメリカ合衆国地誌」について、本問と同様の問題が、2021年度共通テスト地理B第4問にて出題されていました。

――――― 2021年度共通テスト地理B第4問より ―――――

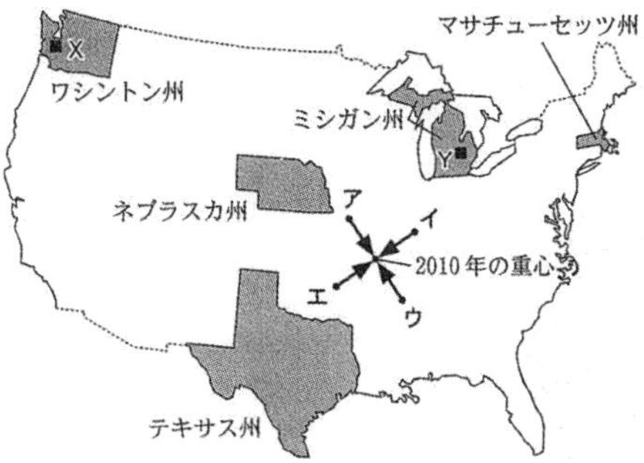

図1　U.S. Census Bureau の資料などにより作成。

　問1（1）図1中のア～エの地点と矢印のうち、1950年の人口分布の重心と2010年の重心への移動方向を示したものとして最も適当なものを、次の①～④のうちから一つ選べ。
　　①ア　　②イ　　③ウ　　④エ

　（2）（1）で示された、1950年から2010年にかけての重心の移動が生じた要因として最も適当なものを、次の①～④のうちから一つ選べ。
　　①安価な労働力を指向した工場の進出と先端技術産業の成長
　　②製鉄業や自動車産業の成長と雇用の増加
　　③大陸横断鉄道の開通と開拓の進展
　　④農村部から大都市圏への大規模な人口の移動

　「人口重心」とは、**全員が同じ重さ（体重）だったと仮定し、国や地域において人口の分布を均衡する仮想的な中心点**のことです。重りに喩えると、全国の人口がバランス良く均等に配置されるポイン

トであり、人口分布の変動に応じて移動するため、時代ごとの人口重心を知ることは、社会の変化や人々の移動傾向、経済活動の中心地の移り変わりを理解する手がかりとなります。これにより、都市化や産業の発展が地域に与える影響や、人口減少や高齢化といった現代の課題がどのように進展しているかを把握することができます。

　日本の人口重心は、2020年の国勢調査によると、「岐阜県関市中之保」とされており、2015年の調査と比べると南東方向へおよそ2.2km移動しました。つまり**日本の人口重心の動きは、首都圏での転入超過が続いてきたことなどによって、おおむね東南東方向へ移動している**ようです。特に1965年から70年にかけて東へおよそ8.3kmも移動したことを考えると、いかに高度経済成長期に首都圏へと人口移動が見られたのか理解できます。

　一方、アメリカ合衆国の人口重心は南西方向に移動しており、2020年時点ではミズーリ州テキサス郡のあたりとされています。東部の13植民地から始まったアメリカ合衆国ですが、西部開拓時代から現在に至るまで人口重心が西へと移動しており、近年は南西へのシフトが見られるようです。このことからも分かるように、2021年度共通テスト地理B第4問の問1（1）は②、（2）は①であると分かります。

　アメリカ合衆国の人口重心が南西方向に移動している理由としては、特に**1970年代の産業構造の転換**が考えられます。

　20世紀後半のアメリカ合衆国では、産業構造が大きく変化し、かつての**重工業中心の経済から、サービス業や情報技術を重視する経済**へと転換しました。「脱工業化」「サービス経済化」「情報化社会の到来」など、これらはこの時代のキーワードでした。

もともとアメリカ合衆国の工業の中心は五大湖周辺の北部地域でした。五大湖周辺で産出する鉄鉱石や、アパラチア山脈周辺で産出する石炭などの基礎資源が五大湖の水運で結びついて発展し、ピッツバーグでは鉄鋼業、デトロイトでは集積の利益を目指して関連工業も集まる自動車産業がそれぞれ発展しました。デトロイトはモーターシティと呼ばれ、ヨーロッパ系移民だけでなく、職を求めて南部のアフリカ系住民が流入してきました。

　かつて阪神タイガースにて、「ミスタータイガース」掛布雅之の前に「背番号31」を付けた選手にウィリー・カークランドという、アフリカ系アメリカ人選手がいました。彼は1973年の阪神タイガースでの引退後は、デトロイトに移住してゼネラルモーターズ（GM）の社員として働いていました。

　しかし、**戦後復興を進めてきた日本や西ドイツの台頭**から、徐々にアメリカ合衆国は国際競争力を失います。設備の老朽化が生産性を低下させ、さらには強い労働組合の存在から賃金水準の上昇を抑えられず、これに追い打ちをかけました。そこへ来て、1973年の第一次オイルショックです。省エネルギー化を実現すべく、多くの工場が温暖な南部地域へと移っていきました。こうしてかつて「スノーベルト（フロストベルト）」と呼ばれた北部工業地帯は、**「ラストベルト（錆びた地域）」**と呼ばれるようになっていきます。

　工場が去ったあとの都市は財政難となり、住環境の悪化、犯罪の増加、教育環境の質の低下、そしてインナーシティ問題が深刻化していきました。

　一方、南部地域は**「サンベルト」**と呼ばれ、温暖な気候下で省エネルギーを実現し、また労働組合の組織率が低いことから、北部に比べて賃金水準が低いこともあって、多くの企業が集まり、新しい産業が発展しました。また、ヒスパニック（スペイン語圏からの移

住者）やアフリカ系はヨーロッパ系白人に比べて賃金水準が低く雇用しやすかったこと、さらに移民法の改正でアジア系移民が増加し、特に中国系、インド系の人々がサンベルトに労働者として吸収されていきました。

　サンベルトでは特に情報通信産業が経済成長の中心を担い、シリコンバレーやシリコンプレーン、エレクトロニクスベルト、シリコンデザートといった地域を形成していきました。

シリコンバレー誕生！

　シリコンバレーには、AppleやGoogleといった大企業が本社を構えていますが、場所はサンフランシスコから南におよそ50kmの距離に位置しています。「シリコンバレー」という名前の通り、かつては農業地帯で、谷（バレー）のような地形でした。トランジスタの発明者であるウィリアム・ショックレーがこの地に半導体の研究所を設立したことが、シリコンバレー発展の始まりとされています。

　1957年、ショックレーが設立した研究所を退職した8人の研究者が、新たに「フェアチャイルドセミコンダクター」を設立しました。そして1968年には、ロバート・ノイスとゴードン・ムーアがIntelを創立します。こうして、ショックレーの研究所から派生した企業が次々と設立され、シリコンバレーは徐々に先端技術産業の集積地へと成長していきました。**特に半導体産業が盛んで、シリコン（半導体の原料）にちなんで「シリコンバレー」と呼ばれるようになった**わけです。

　シリコンバレーが多くの企業を引き寄せる理由の一つに、気候の良さがあります。サンフランシスコ沖を流れる寒流のカリフォルニア海流の影響で夏でも気温が高くなり過ぎず、それでいて、晴天が広がり、過ごしやすい環境です。サンフランシスコまで50kmという距離も魅力の一つで、車を利用すれば1時間以内でアクセス可能

なことが利便性を高めています。

　さらに、スタンフォード大学が近くにあり、この大学の卒業生がシリコンバレーで次々と起業したことも発展を後押ししました。産業界と学術界が互いに刺激し合い、産学共同で情報技術産業が発展していきました。

　このように、ウィリアム・ショックレーが半導体研究所を設立し、そこから多くの企業が生まれたのは偶然といえるかもしれませんが、彼の行動がシリコンバレーの基盤を築いたことは確かです。

　こうした産業構造の転換は、都市構造にも影響を及ぼしました。ロサンゼルスでは、都心部の工業地区が衰退する中で、郊外に新しい産業や住宅地が次々と整備されました。これにより、都心の住環境の悪化と郊外の発展という二極化が進み、インナーシティ問題が深刻化しました。

1　1970 ～ 1990 年と 1990 ～ 2010 年に分けて人口変化率を見ると、ア州では49.1％から25.2％へと増加率が半減しているのに対し、隣接するイ州では107.0％、74.4％と増加率は高い水準を維持している。両州でこのような違いが生じた理由を2行以内で述べよ。

---

　(1)は、アメリカ合衆国の産業構造の転換を背景に、人口重心が南西へと移動していることを念頭に解答を作らなければなりません。

　アのカリフォルニア州は「1990 ～ 2010年（便宜上、②)」よりも、「1970 ～ 1990年（便宜上、①)」の方が人口増加率が高かったのは、次のような理由が考えられます。カリフォルニア州は産業構造の転換初期に多くの人口が流入しましたが、それにともなって大都市部での人口が飽和状態となって地価が高騰し、都市の郊外化が起き

ると、インナーシティ問題が深刻化していきました。

インナーシティ問題とは、**都市の中心部において産業の衰退や人口流出が進み、失業率の上昇や犯罪の増加、住宅環境の悪化といった社会問題が深刻化する現象**を指します。大都市部では、製造業が郊外や他州へ移転することで雇用が減少し、都市中心部に住む低所得者層が増加し、また、インフラの老朽化や税収減により、教育や医療などの公共サービスの質が低下しました。その結果、治安の悪化や貧困の拡大が都市部に広がり、カリフォルニア州でもこれが顕著な課題となりました。

①では多くの人々が流入していましたが、これらの問題により、②では人々がより良い住環境を求めて他地域へ移動する傾向が強まり、人口増加率が抑えられたと考えられます。

一方のイのアリゾナ州では①も②も高い人口増加率を維持しており、これは温暖な気候や比較的低い生活費、そして住宅地やインフラの整備が進んでいる点が主な要因と考えられます。カリフォルニア州で地価や生活費が高騰する中、アリゾナ州は比較的手頃な居住環境を提供できたため、多くの人々が移住先として選びました。また、州政府が積極的に企業誘致を進めたことにより、新たな雇用機会が創出され、情報技術関連産業やサービス業の成長が加速しました。

アリゾナ州には元々米軍基地があったことから軍事技術と関連性の高い産業が集積していました。**近年では、Intelやテスラ、TSMCなどもアリゾナでの工場建設の計画を発表しており、アリゾナ州はテクノロジーや製造業の集積地としての地位を確立しつつあります。**

さらに、アリゾナ州は高齢者にとっても居住しやすい環境として人気があり、リタイア後の移住先としても注目を集めています。こうした理由から、アリゾナ州では1970 〜 2010年にわたって安定し

た人口増加を維持してきたと考えられます。

> **1の解答例** ア州は地価の高騰や都市問題の顕在化によって
> 人口増加が鈍化したが、イ州は住環境の水準が高く企業誘致が進
> んで増加を維持した。（60字）

高齢化率ナンバーワンは、意外なあの国

> **2** ウ州とエ州は共に75歳以上人口比率が高いが、その背景
> は大きく異なる。それぞれの州で75歳以上人口比率が高くなる理由
> を、両州の違いが分かるように2行以内で述べよ。

（2010年）

州名	ヒスパニック系 人口比率（%）	75歳以上 人口比率（%）
ア	37.6	5.3
イ	26.5	4.7
ウ	5.0	7.5
エ	22.5	8.1

表2-1 アメリカ・センサス局による。

　一般に「高齢者」といえば65歳以上の人を指し、75歳以上人口
のことは「後期高齢者」といいます。「後期高齢者割合」を取り上げ
る珍しい問題です。
　さて、そもそも「高齢化」の定義とは総人口に占める65歳以上の
高齢者割合が増加することを指します。65歳以上人口の割合が、
7%超が高齢化社会、14%超は高齢社会、21%超は超高齢社会と
いいます。2023年の世界銀行の統計によると、超高齢社会を迎え
た国は、13か国存在します。中でも、最も割合が高い国はモナコ

です。

「あれ!?　日本じゃないの!?」と、誰しも思ったことと思いますが、実際はモナコです。なぜでしょうか?

モナコは世界で最も高い生活水準を誇る国の一つであり、その要因として**充実した医療システム**が挙げられます。モナコは高度な医療技術を持ち、医療費補助制度が整備されています。住民は早期から予防医療や適切な治療を受けられる環境が整っているため、病気の早期発見や健康寿命の延長を実現しやすい状況です。

また、因果関係を見いだすことはできませんが、**地中海ライフスタイル**が健康寿命を延ばしているのではないかという研究結果があるほどで、モナコは地中海性気候下にあるため、ストレスの少ない生活を送りやすく、長寿に寄与しているのではないかといわれています。

地中海ライフスタイルとは、オリーブオイルの使用、野菜や果物、ナッツ類の摂取、赤身肉の摂取を控えて魚介類や鶏肉を多く摂取、ワインの適度な摂取などの食生活を心がけ、日常的な身体活動、社交活動、自然との調和など能動的な生活を営むことです。「ワインの適度な摂取」というのが、「そりゃ、地中海性気候下ではブドウの栽培が盛んだから、お酒といったらワインだよね」となりますので、他地域でこのライフスタイルを採り入れようとなったら、何を呑めば良いのでしょうかね?

さて、モナコは税制面での優遇があり、所得税が課されないため、富裕層のリタイア先として高い人気を誇ります。特にヨーロッパの富裕層は、リタイア後の生活拠点としてモナコに移住するケースが多く、モナコの人口の中で高齢者層が増加する結果につながっています。移住者の多くはリタイア後の高齢層であり、安定した収入と余裕のある生活を求めてモナコに定住するため、65歳以上の割合が全体の人口に対して増える要因となっています。特に2007年

109

から始まる世界金融恐慌の影響で、富裕層の間で安全資産の意識が高まり、資産保護のための拠点としてモナコに注目が集まったとされています。

さらにモナコは非常に小さな都市国家で、人口数がおよそ3万6000人と少ないため、年齢層における割合の変化が全体に大きな影響を与えやすい特徴があります。例えば、少数の高齢者が移住した場合でも、人口に占める高齢者の割合が急上昇することがあります。このように、少人数の変動でも全体の高齢化率に顕著に表れるため、モナコの高齢者割合が高くなっている要因の一つです。

つまり、「なぜモナコは高齢者が多いのか?」と問われれば、「それは、高齢者が数多く移住してきたから」といえます。

一方、日本における超高齢社会はどのようにして実現したのでしょうか? 「少子高齢化」という言葉を見聞きしますが、これは出生数が減少することで、相対的に高齢者割合の上昇が起こる現象です。つまり、少子化が先に起き、高齢化がその後に起こるわけですから、どこからか突然高齢者が日本にやってくることで起こるのではありません。ですので、高齢化対策とは手厚い社会保障を実現するために現役世代から「搾取」することではありません。まずやるべきことは少子化対策なのですが、日本はシルバーデモクラシーを背景に政治家たちが高齢者の顔色を窺ってばかりの政治を行っています。いつの時代も、社会は若者のためにあるべきなのに……。

ちなみに、日本の65歳以上人口割合(2023年、総務省統計)は29.1%と高いのですが、都道府県別の65歳以上人口割合をみると、なんと36道県で30%超となっています。特に35%超と高いのは、青森県(35.2%)、秋田県(39.0%)、山形県(35.2%)、島根県(35.0%)、山口県(35.3%)、徳島県(35.3%)、高知県(36.3%)の7県です。中でも、秋田県(21.2%)、山口県(20.0%)、高知県

（20.7％）の３県は75歳以上人口（後期高齢者）割合が20％を超えます。つまり「県民の５人に１人が後期高齢者」ということです。

それでも、日本全体で29.1％に留まっているのは、人口数の多い東京都（22.8％）、埼玉県（27.4％）、千葉県（28.1％）、神奈川県（25.9％）、愛知県（25.7％）、大阪府（27.7％）が平均値を下げていること、滋賀県（27.0％）のように京阪神大都市圏の住宅衛星都市としての性格が強い県、また沖縄県（23.8％）のように若年層の流出があまり見られず多産傾向にある県が存在していることが要因です。

日本全体で高齢者割合が高い理由を見いだすならば、一言で「少子化」といえますが、都道府県別で考えると、若者の「都会への憧れ」だったり、「地元での就職先の少なさ」だったりを要因とする若者の流出が背景にあります。さらに大学進学率の高まりは、若者が地元を離れて都会の大学に進学する大きな要因となっています。特に地方都市は進学できる大学の選択肢が限られているため、多くの若者が教育機会を求めて移動します。そして、そのまま就職や生活の場を「都会」に求め、地元に戻らないとなると、高齢者割合が上昇するのは当然の帰結といえます。

さて、（2）の問題では、75歳以上人口比率が高い理由がアイオワ州（ウ）とフロリダ州（エ）で異なることを指摘しています。

アイオワ州の主産業は農牧業です。農家一戸あたり農地面積が145haと広大であり、トウモロコシや大豆の生産が盛んで、牛肉や豚肉、鶏肉の生産など畜産業が盛んです。農産額と畜産額がともに全米第二の額を誇ります。

一方のフロリダ州も農業が主産業の一つといえますが、それよりも観光業や航空宇宙産業、医療・バイオテクノロジー産業が盛んであり、若者にとって魅力ある産業が発展しています。そして、高

齢者が移住してくるケースが多いといいます。まず温暖で過ごしやすい気候であること、高齢者に対する税制の優遇措置があること、リタイアメントコミュニティーが充実していることなどが背景です。

つまり、アイオワ州は農業が主産業であり、農業以外の就職を目指した若者の流出が進んだことで、フロリダ州はリタイア後に流入した高齢者が多く居住していることでそれぞれ高齢者割合が高まったと考えられるのです。

前者が日本の地方都市、後者がモナコでそれぞれみられるような現象が起きているということですね。

> **2 の解答例** ウ州では若年層の流出によって相対的に高齢者割合が上昇し、エ州ではリタイア後に流入してきた高齢者が多く存在したから。（57字）

産業の衰退とインナーシティ問題

> **3** 中西部に位置する多くの州では人口増加率が低い。これらの州の中心都市では、基幹産業の斜陽化、およびそれが引き起こした社会問題によって人口減少に拍車がかかっている。こうした社会問題として考えられることを2つ、合わせて1行で述べよ。

アメリカ合衆国国勢調査局における「中西部」とは、下図で示した12州を指し、先述の「ラストベルト」を含む地域です。

　アメリカ合衆国では、1787年に「北西部条例」が制定され、これにより新たな領土の統治方法と州昇格の基準が定められました。ここでいう「北西部」とは、現在のアメリカ本土の北西部ではなく、建国（1776年）当初の領土における北西部であり、オハイオ川北西側の地域を指しました。

　この条例によって奴隷制度の禁止を明文化し、この地域を自由州として発展させる方針が打ち出されます。これにより**北西部は自由州として自由主義的な地域性を築き、奴隷制を維持する南部との対立が生まれる基盤**となりました。

　特に南部が綿花やサトウキビのプランテーション農業に依存し、多くの奴隷を必要とする経済基盤を築いたのに対し、北西部では家族単位の小規模農業が主流であり、多くの労働力を必要としない社会が形成されました。さらに工業化、それにともなう都市化が進むと、北西部では賃金労働が定着して、奴隷制の必要性は完全に無くなっていきます。こうした北部と南部の対立が、後にアメリカ南北戦争へと発展しました。

そして、現在は「中西部」と呼ばれるこの地域では、デトロイトやシカゴ、クリーブランドなどにおいて、早くから製鉄業や自動車工業などの重工業が発展しました。こうした産業が斜陽化し、「ラストベルト」と呼ばれるようになっていく過程は、先ほど述べたとおりです。この中には、「フォード・モデルT（T型フォード）」によって自動車の大衆化を推進したフォードや、1950〜1960年代にかけて世界最大の自動車生産台数を誇ったゼネラルモーターズ、かつて鉄鋼シェアの70%近くを占めていたUSスチールなどが含まれます。

中西部では、デトロイト（ミシガン州）、クリーブランド（オハイオ州）、シカゴ（イリノイ州）、セントルイス（ミズーリ州）などで、製造業の縮小にともなって、失業率の上昇、治安の悪化、教育水準の低下、住宅の荒廃などが顕在化しました。インナーシティ問題です。

こうした「産業構造の転換」を背景に、中西部諸州はより良い就業機会や生活環境を求めて、若年層の流出が見られるようになったというわけです。

> **3 の解答例** 産業の衰退により失業率が上昇し、都市の荒廃
> で治安が悪化した。（30字）

アメリカでヒスパニックが増加した理由

> **4** エ州は、中南米諸国と国境が接していないにもかかわらず、
> ヒスパニック系人口の比率が高い。このような状況をもたらした政治
> 的理由を1行で述べよ

アメリカ合衆国における「ヒスパニック（Hispanic）」は、**スペイン語圏の国々、特にラテンアメリカやカリブ海諸国、スペインなどにルーツを持つ人々**を指します。アメリカ国勢調査局では、ヒスパニックは「エスニックグループ」として分類され、人種とは区別されています。そのため、ヒスパニックには白人や黒人、アジア系など多様な人種が含まれます。

アメリカ合衆国におけるヒスパニックは、それまでも少なからず存在していましたが、特に増加が顕著になり出したのは、1965年の移民法改正以降です。この改正により、国ごとの移民枠が緩和され、特にラテンアメリカからの移民が増加しました。1980年代以降、特にメキシコやプエルトリコからの移民が増加し、全米でヒスパニック系の人口が急速に増え始めました。また、1980年の国勢調査で初めて「ヒスパニック」という項目が設けられ、正確な統計が開始されたことも、ヒスパニック人口の増加傾向を把握するきっかけとなりました。

2010年に5050万人だったヒスパニック人口は、2020年には23%増の6210万人となっており、同期間の全米の人口増加（2270万4000人）の51.1%を占めました。特にテキサス州、カリフォルニア州、そしてエのフロリダ州で大きく増加しており、3州だけで増加したヒスパニック人口の44%を占めました。

ヒスパニックのルーツを見ると、メキシコ系（3719万人）、プエルトリコ系（585万人）、キューバ系（238万人）が多くなっています。そのため、アメリカ合衆国におけるヒスパニックはこれらの国と地域に近い、特に南西部諸州に多くいます。またヒスパニックを「移民」と「米国生まれ」に分類すると、同期間における増加数は前者の350万人に対し、後者は930万人を数えました。

米国国勢調査局の統計によると、フロリダ州のヒスパニックのルーツ別人口割合をみると、キューバ系（26.4%）、プエルトリコ系

（20.5％）、メキシコ系（15.5％）、コロンビア系（6.7％）、ドミニカ共和国系（4.2％）です。

1959年、キューバにてフィデル・カストロらによる革命が成功し共産主義体制が敷かれたことで、アメリカ合衆国との対立が表面化し、革命後の政治体制を嫌ったキューバ国民がアメリカ合衆国へと亡命するようになりました。当時は冷戦時代であったため、共産主義国となったキューバからの移民を積極的に受け入れることは、「共産主義体制からの脱出！」を演出することになり、「対共産主義政策」「自由主義の価値」を国際社会に示す意図がありました。1962年のキューバ危機を経て、さらにキューバからの亡命者が増加すると、1966年にキューバ難民調整法が制定されます。

この法律はキューバからの亡命者に対し、アメリカ国内で1年以上滞在した後、永住権を申請する権利を認めるというものでした。キューバ難民調整法による移民は、決して不法移民ではないことは理解しておくべきと思います。

4の解答例　地理的に近いキューバからの亡命者への合法的な移民政策による。（30字）

2-4

欧米、日本、アジア──
それぞれの経済発展と「地下鉄」

（2024年度第3問設問B）

設問B　　表3-2と表3-3は、2020年の都市圏人口が500万を超える都市のうち、1945年以前に地下鉄が開業した都市と、1990年以降に開業した都市を、それぞれ開業年順にならべたものである。ただし、表3-3では、この時期に多数の都市で地下鉄が開業した中国については、示していない。

開業年	都市
1863	ロンドン
1900	パリ
1904	ニューヨーク
1907	フィラデルフィア
1913	ブエノスアイレス
1919	マドリード
1924	バルセロナ
1927	東京
1933	大阪
1935	モスクワ
1943	シカゴ

表3-2

開業年	都市
1993	ロサンゼルス
1996	アンカラ
2000	テヘラン
2002	デリー
2004	バンコク
2011	ベンガルール
2015	チェンナイ
2016	クアラルンプール
2019	ジャカルタ
2019	アーメダバード
2020	ラホール

表3-3

注：　ここで言う地下鉄は、都市圏の中心都市内部の交通のために建設された鉄道路線網のうち、少なくとも2駅とその間の区間が地下にある路線を含むものを指す。ただし、モノレールと路面電車は除く。

地下鉄は、なぜ生まれたのか？

　地下鉄は、その名の通り地下に線路を敷設することで、都市の移動を効率化する交通手段です。特に大都市においては、地上の交通渋滞を避けるため、地下を活用することで移動時間を短縮し、定時性を保つことができます。

　また、天候に左右されず、雨や雪の日でも快適に利用できる点は大きな魅力です。一方で、鉄道は地上、地下にかかわらず建設費用が非常に高額であることや、工事にともなう騒音や振動の問題が課題となります。さらに、地下鉄は密閉された空間を走行するため、空気の循環が必要であり、換気システムの整備も重要な要素です。

　なぜ地下鉄を建設する必要があったのかといえば、**都市部の急激な人口増加とそれにともなう交通問題を解消するため**でした。特に19世紀のロンドンは、産業革命による発展で都市部の人口流入が著しく、通勤や移動のための交通網が追いついていませんでした。

　地上は鉄道（1836年開業のロンドン&グリニッジ鉄道）や、馬車による路面電車で混雑し、都心部へのアクセスが困難になる中、地上とは別の交通ルートを確保するために地下鉄の構想が生まれました。地下鉄は、悪天候に影響されずに安定した移動ができるため、都市インフラの大きな強みともなり、次第に多くの都市で必要性が認識されていきました。

　ロンドンでは、1830年代に初めて地下鉄の構想が提案されました。1769年にジェームズ・ワットが蒸気機関を改良して以来、鉄道の動力源は蒸気機関が主流であり、地下での運行も蒸気機関車を想定していました。その後、1854年にメトロポリタン鉄道会社が設立され、地下鉄建設の具体的な計画が始動します。1860年に着工

されたロンドン地下鉄は、地面を掘り下げてトンネルを作り、構造物を構築したあとに再び埋め戻す「カット＆カバー工法」が採用されました。トンネル工事は騒音や振動をともない、市民からの不満もありましたが、工事は進行し、1863年にパディントン駅からファリンドン・ストリート駅（当時）までの区間が開業しました。

初の地下鉄が開業した1日前の1月8日にアメリカ合衆国にて大陸横断鉄道に着工していますので、当時の最先端輸送はやはり鉄道だったわけです。ちなみに、同年8月に薩摩藩とイギリス帝国との間で戦争（薩英戦争）が勃発していますので、鉄道や地下鉄まで敷設し、世界中に植民地を有した当時のイギリス帝国相手に、よくぞ臆せず立ち向かい、薩摩武士の誇りを貫いたものです。しかし、これが攘夷の限界を認識した大きな転換期となり、西洋技術の重要性を理解していくようになります。

開業後の地下鉄は、予想以上に市民に支持されましたが、蒸気機関車による運行には課題もありました。やはりトンネル内で蒸気や煤煙がこもりやすく、換気シャフトを設けても十分に排出することが難しかったといいます。特に健康被害として、乗客が煙を吸い込んで頭痛や目の痛みを訴えることもあったようで、蒸気機関車は一時的に排煙を抑える工夫が施されたものの、20世紀に電気での運行が進むまで、こうした問題は根本的な改善には至りませんでした。

しかし、**ロンドン地下鉄の開業は、他の大都市にも大きな影響を与え、地下鉄建設のモデルケースとなり**多くの都市がロンドンの成功を参考にし、地下鉄網の整備を進めていきました。

地下鉄は現在、都市の発展とともに重要な交通インフラとして定着しています。混雑緩和や移動時間の短縮といったメリットに加え、排気ガスや騒音を抑える環境面での利点もあり、今後も都市交通

に欠かせない存在です。このようにして、地下鉄は**単なる交通手段にとどまらず、都市の成長や環境保全、住民の生活の質向上に貢献する大きな意義を持つインフラ**となりました。

世界でもかなり早かった！　日本の地下鉄開通

　本問では、2020年の都市圏人口が500万を超える都市のうち、「1945年以前に地下鉄が開業した都市」と「1990年以降に開業した都市」の2つの表が与えられています。これによると、東京と大阪は世界でもかなり早い段階で地下鉄が開業していたことがわかります。

　江戸時代が終わり、明治時代になると日本の首都は東京へと移されました。遷都をきっかけに日本の政治・経済の中心地が東京へと移り、急激な人口増加が見られました。これにより、住宅地開発や上下水道の整備が追いつかなくなっていきます。そして20世紀初頭の東京では、路面電車が開業し路線網を構築していましたが、供給量が人口増加に追いついておらず、限界を迎えつつありました。交通の混雑は経済活動にも支障をきたし、渋滞の解消を求める声が高まっていきます。

　こうした状況下で、後に「日本地下鉄の父」と呼ばれる技術者の早川徳次（1881 ～ 1942年）が地下鉄の可能性に注目しました。早川は後藤新平の書生となり、後藤が総裁を務めていた南満州鉄道に入社します。その後は鉄道院（当時）に入局、1914年よりロンドンやニューヨークの地下鉄を視察し、日本でも地下鉄が都市の交通問題を解決する手段になり得ると考えます。帰国後、投資を募り、金融機関への粘り強い交渉の末、「東京地下鉄道株式会社」を設立し、1925年9月に浅草と上野を結ぶ日本初の地下鉄工事を開始しました。関東大震災からちょうど2年後のことでした。

着工から2年後の1927年12月30日、ついに浅草駅から上野駅の間で日本初の地下鉄が開通しました（同区間は現在の東京メトロ銀座線の一部）。当初から市民の関心は高く、地下鉄の利用者は予想を上回る盛況となり、地下鉄が都市交通として受け入れられたことが証明されました。銀座線はその後も延伸を続け、現在では渋谷駅と浅草駅を結び、東京の主要エリアを結ぶ交通網として発展しました。

　銀座線が面白いのは、地下鉄であるにもかかわらず、渋谷駅が地上3階にあることです。渋谷駅はまさしく「谷」の底に位置しているためです。

　1927年に東京で日本初の地下鉄が開業し、交通渋滞の解消に貢献する姿は全国に注目されました。これを受け、大阪でもにわかに「地下鉄待望論」がささやかれるようになっていきます。1930年代に入ると、大阪は商業や工業の中心地としてさらに発展し、特に御堂筋を中心とする繁華街は人々で賑わいを見せていました。そして、急速な人口増加にともない、都市の中心部でも交通渋滞が深刻化し、地上の路面電車や道路では需要に対応しきれなくなっていきます。

　1933年5月20日、御堂筋線の梅田駅から心斎橋駅の区間が開業し、大阪初の地下鉄路線が誕生しました。御堂筋線は、日本で初めて地方自治体が運営する地下鉄路線で、東京の銀座線とは異なり公営事業として運営されています。開業当初から利用者が多く、御堂筋線は大阪市の発展とともに徐々に延伸を続け、大阪の主要な交通手段として定着していきました。

　東京と大阪での地下鉄開業には、いずれも1920年代から1930年代にかけての都市化と交通渋滞という共通の課題が背景にありました。両都市では、人口増加や経済成長にともない交通量が増加し、

既存の交通インフラでは対応しきれない状態が続いていました。また、欧米の大都市が地下鉄を導入していたことも、地下鉄待望論を後押ししたといえます。ロンドンやニューヨークの地下鉄が都市の移動を効率化し、経済活動を支える基盤として成功している様子は、早川によって伝えられ、日本国内でも早くから地下鉄の必要性が認識されていました。

1　表3−2は、地下鉄が開業した時期が、世界ではロンドンがもっとも早く、アジアでは東京と大阪がもっとも早いことを示している。当時の東京や大阪では、どのような都市交通の問題から、地下鉄の建設に踏み切ったと考えられるか、以下の語句をすべて用いて2行以内で説明せよ。

　路面電車　　密度

---

　(1) では、「当時の東京や大阪では、どのような都市交通の問題から、地下鉄の建設に踏み切ったと考えられるか」とありますので、「社会資本整備が人口増加に追いついておらず限界を迎えつつあった」という側面から解答します。1930年前後、この時代は、すでに馬車は移動手段としての役割をほとんど失っていたこと、まだモータリゼーションの進展は見られませんので、基本的に人々の移動手段は路面電車でした。その路面電車の輸送力が限界に達したので、地下鉄に注目が集まったということです。

---

1 の解答例　急速な都市化の進展によって人口密度が高まり、路面電車だけでは交通需要を賄えず、地下鉄建設が求められるようになったから。(59字)

ロサンゼルスに地下鉄が不要だったワケ

> **2** 表3-3の都市のうち、ロサンゼルスだけが欧米の都市である。それ以外の欧米の大都市では、より早い時期に地下鉄が開業している。なぜロサンゼルスで開業が遅かったのか。2行以内で説明せよ。

　ロサンゼルスは、1993年にレッドライン（現在のBライン）が開業するまで、世界的な大都市としては珍しく、地下鉄が開業していませんでした。地下鉄建設が遅れた背景には、早い段階でモータリゼーションが進行していたこと、路面電車の衰退、そして地震の多い地域特有の課題が複雑に絡んでいます。

　20世紀初頭、ロサンゼルスでは広大な土地と快適な気候により、自動車が市民の生活に自然と取り入れられました。ロサンゼルスが世界に先駆けてモータリゼーションが進んだ背景には、**フォードの「フォード・モデルT（以下、モデルT）」**が大きな役割を果たしました。

　同車は1908年に発売され、ライン生産方式による大量生産で当時としては画期的な低価格を実現し、一般の人々が自動車を購入できるきっかけを作りました。1927年までのおよそ20年で1500万台を超える生産台数を記録し、1972年にフォルクスワーゲン・タイプ1（1938〜2003年）に抜かれるまで長らく史上最も生産された自動車でした。

　ロサンゼルスは広大な土地を活かして、車社会が発展しました。その結果、郊外から都市部へ自由に移動できる自動車の利便性は多くの人に歓迎されました。さらに、カリフォルニア州は石油資源が豊富なためガソリン価格を安価に抑えられ、自家用車を維持するコストが低く、モータリゼーションの進行に追い風となりました。

また、1920年代にはロサンゼルスに高速道路の整備が進み、1940年にはアメリカ初の高速道路である「アロヨ・セコ・パークウェイ」が開通しました。**このような道路インフラの充実も、ロサンゼルスのモータリゼーションを支える要因となりました。**

　モデルTはデトロイトの工場で生産されましたが、ロサンゼルスを含む西部地域にも大量に供給されました。当時のアメリカでは鉄道網が発展しており、デトロイトからロサンゼルスまで長距離鉄道で効率的に自動車を輸送できたようです。また、1914年にパナマ運河が開通すると、船舶による輸送も利用され、大西洋側から西海岸への輸送が大幅に短縮されました。

　さらに、フォードは1929年から翌年にかけて、アメリカ国内で同時期に建設された6つ工場の1つとして、カリフォルニア州のロングビーチに組立工場を建設しました。これはモデルTの後継車として「フォード・モデルA」の生産を拡大するためのものであり、この工場は1958年まで稼働しました。工場閉鎖から66年後の2024年に、フォードは次世代電気自動車の開発拠点を、ロングビーチに設置すると発表していますので、フォードにとって、ロングビーチは思い入れのある土地なのかもしれません。

　ロサンゼルスでモータリゼーションが進行する一方、かつて「パシフィック電鉄」により整備されていた路面電車網は、1940年代から50年代にかけて次々に廃止されます。これは、都市の広がりに対応する形で「モータリゼーションを念頭に置いた街づくり」が推進されてのことでした。

　またカリフォルニア州は、プレートの境界に位置するため「サンアンドレアス断層」をはじめとする活断層の影響を受けやすく、頻繁に地震が発生する地域です。地下鉄の建設には耐震性の確保が必須であり、安全性の問題から常に二の足を踏んでいました。

現在、ロサンゼルスでは地下鉄網の拡張が進んでおり、交通渋滞の緩和や環境負荷の軽減に貢献しています。しかし、広大な都市を網羅するには限界があり、効率的な都市機能の維持には課題が多く残っています。住民の声には賛否があり、「渋滞を回避できる手段として必要不可欠」という声がある一方で、「自動車での移動が依然として便利」との意見も根強く存在しているようです。

　ロサンゼルスでは地下鉄を利用するのは主に低所得層であり、富裕層の多くは車での移動を選びます。理由の一つが地下鉄の安全性に関する懸念です。特に夜間や一部の駅周辺では犯罪発生率が高く、治安の問題が地下鉄利用の障害となっています。さらに、ホームレス問題も深刻で、駅や車内で目にすることが多く、利用者の快適性や安全性が損なわれるケースが多いといいます。

　また、ロサンゼルスは長年にわたり車社会が根付いているため、特に富裕層にとって自家用車での移動が生活スタイルの一部となっています。自家用車を利用することで、スケジュールに合わせて柔軟に移動できる利便性も大きな要因です。自家用車を所有する富裕層の多くが白人であり、彼らは都市郊外で生活し、自家用車に乗って都心部へとやってきます。移動手段が発達してはじめて、都市の郊外化が起こるものです。近年では、環境意識の高まりが地下鉄利用を後押ししている一方で、**「自家用車がステータスの象徴」としての意識は依然として根強く、電気自動車やハイブリッド車への関心の方が高い**ことも、地下鉄の利用が進みにくい一因となっているのではないでしょうか。

　ロサンゼルスの地下鉄は、こうした住民の移動ニーズに応えつつも、交通渋滞の多い市内の一部を効率的に結び、都市機能の一端を支えています。気候変動への意識の高まりとともに、環境に配慮

した移動手段として今後の期待も大きい一方で、ロサンゼルス特有の交通文化の中で地下鉄利用がどこまで浸透するかは未知数なのではないでしょうか。

> **2 の解答例** 道路網の整備や都市の郊外化で進んだことで、早い段階でモータリゼーションが進行し、公共交通機関の必要性が低かったから。（58字）

アジアに地下鉄が普及した理由

みなさんは、「Cities: Skylines」というゲームをプレイしたことがありますか？ フィンランド発の都市開発シミュレーションゲームです。プレイヤーは原野を与えられ、区画の用途指定をしながら教育や医療、交通のインフラを整え、マップの外に通じる高速道路と接続して外部からの人口流入を促すところからゲームが始まっていきます。ある程度ゲームを進めて街が大きくなると、必ず発生するのが交通渋滞です。プレイヤーはありとあらゆる交通インフラを整備することで、この交通渋滞に立ち向かうのですが、実は地下鉄の建設がかなり強力に渋滞緩和に役立ちます。

鉄道は一度に多くの住民を輸送できる、地下鉄であれば地上の道路と重ならないルートを走るため道路の混雑を緩和することができます。ただ、現実世界と同様にゲーム内においても建設費がかなり高い設定となっています。

3 　表3-3から分かるように、1990年代以降、アジアの大都市で地下鉄を建設する動きが目立っている。これらの都市で地下鉄を建設する必要が生じた背景にはどのような都市問題があるか。 1行で答えよ。

では、(3)の「アジアの大都市で地下鉄を建設する必要が生じた背景にはどのような都市問題があるか」という問いですが、一言でいえば「交通渋滞の緩和と環境問題の解決」です。あっ、二言になってしまいました。

1990年代以降、アジアの大都市では急速な人口増加と都市化が進行し、通勤や通学をはじめとする交通需要が急増しました。早期に経済発展を遂げた国々では、最先端の輸送手段として鉄道網が発展し、その後にモータリゼーションが進行したため、陸上輸送が鉄道と自動車に分散されました。

しかし、アジアの多くの発展途上国では、**鉄道網の拡充が進む前に自動車の普及が急速に進行し、モータリゼーションが早くから定着しました。**このため自動車輸送への依存が著しく、日本人が想像する以上に激しい交通渋滞が常態化しています。

また、経済成長の初期段階で都市化が急速に進んだ一方、道路や公共交通のインフラ整備が追いつかなかったため、都市中心部では特に交通インフラが不足しており、交通渋滞が悪化しました。自動車依存型の都市設計が定着しやすい状況が生じたことも、発展途上国の交通問題を一層深刻化させる要因となっていました。こうした交通渋滞の緩和策として、都市中心部への移動手段として地下鉄の整備が必要とされました。

加えて、交通渋滞は大気汚染の悪化も招き、住民の健康に影響を与えるほどの環境問題を引き起こしました。自動車依存から脱却し、公共交通機関にシフトすることで、排出ガスの削減が期待され、地下鉄が重要な役割を担うこととなりました。さらに、都市中心部ではスペース不足が大きな課題です。すでに人口密度が高く、新たな道路や鉄道の敷設には限界がありましたが、地下鉄は地下空間を活用するため、限られたスペースを効率的に活用できる手段として選好されたわけです。

　社会というのは、経済成長にともなって「不確実性」が排除されていくものです。つまり、いつ来るか分からない列車を待っていては経済が成り立ちませんので、渋滞や遅延が少なく、快適で定時性の高い移動手段として地下鉄の需要が高まったともいえます。こうした複合的な要因から、アジアの大都市での地下鉄建設が進展し、渋滞緩和や環境改善に重要な役割を果たしました。

> **3の解答例**　常態化した交通渋滞の緩和と、それにともなう大気汚染の解決。（29字）

急速な経済成長を遂げたアジアと地下鉄

> **4** 1990年代以降、表3-3に現れるアジアの大都市で地下鉄の建設が可能になった要因には様々なものがある。主な要因を二つとりあげて、合わせて2行以内で説明せよ。

　1990年代以降、トルコやインド、タイ、マレーシアなどのアジアの国々では、急速な経済成長を背景に、地下鉄建設が可能になりました。都市化が進み、交通渋滞や環境問題が深刻化する中、インフラ投資への資金調達が急務とされました。経済成長にともない、これらの国々ではインフラ整備のための資金調達手段が多様化し、地下鉄建設が実現可能な状況に整えられました。

　まず、**アジア開発銀行（ADB）や世界銀行（WB）などの国際金融機関が発展途上国への低利融資を提供**し、地下鉄建設の重要な資金源となりました。また、日本の円借款により、地下鉄建設プロジェクトに必要な資金や技術も供給され、地下鉄の整備が進みました。特に、タイのバンコクやインドネシアのジャカルタでは日本からの援助が重要な役割を果たしています。

　そういえば、タイのバンコク地下鉄の車両・運行システムを巡る発注業務において、三菱商事と三菱電機、フランスのアルストムによる企業連合が契約を交渉していましたが、2001年末になって突如、バンコク・メトロが一方的に交渉を破棄し、ドイツのシーメンス社と契約を結ぶという事件がありました。この実話をモデルにして描かれたのが、『ゴルゴ13』第424話「歪んだ車輪」で、2002年11月に発表されました。作中では、日本の岸河商事がデューク東郷に依頼して、ドイツのジオメック社のシステムに問題を起こして受

第**2**章

第**3**章

第**4**章

──「世界経済」は東大地理で学べ！

注の巻き返しを図る内容となっています。実際、なぜ破棄されたのかは、現在でも真相は闇の中です……。

　話を戻して、**官民連携（PPP）も多くの国で導入され、民間資金を取り入れることでリスクを分散しつつ建設が進められました。**インドのハイデラバード地下鉄はこのPPP方式の代表例で、政府と民間企業が協力し、都市交通網の整備を推進しました。

　このようにして、アジア各国では資金調達手段の多様化を背景に、地下鉄建設が実現し、都市の交通問題の解消と経済の活性化に貢献しています。つまるところ、「資金と技術」があれば建設できるのであって、「いかにして、それを調達するか?」ということです。

　先ほど紹介した「Cities: Skylines」では、都市の発展にともなって資金が貯まり、社会資本の選択肢が増えていきます。チートを使えば、資金が無制限、すべての社会資本がアンロックされますが、現実世界にチートなどありません。「ゲームに喩えて解説するってどういうこと?」と思われたかもしれませんが、それだけ「Cities: Skylines」というゲームがリアリティーを追求した優秀なゲームだということです。

　あっ、ちなみに「Cities: Skylines II」という続編もありますので、良かったらプレイしてみてください。ただ一つ気を付けていただきたいのは、時間があっという間に溶けていきますよ……。

> **4 の解答例**　経済成長で社会資本整備に必要な資本力が増強し、また先進国からの資金援助や現地に進出する企業からの技術提供が進んだから。（59字）

日本が抱える課題と、未来の可能性

第3章

戦後から現代、日本の「製造業」はどう変わったか?

3-1

（2017年度第3問設問B）

設問 **B**　次の表3-2は、日本工業の主要業種を取り上げ、各業種の1963年、1988年、2013年の出荷額等（製造品出荷額等）について、日本全体の数値と上位5位までの都道府県名、上位5都道府県の対全国比を示したものである。また、表3-3は、地方の5つの県を取り上げ、2003年〜2008年、2008年〜2013年の出荷額等の変化と、2008年および2013年の上位2業種を示したものである。これらの表をみて、以下の問いに答えなさい。

業種名	年	全国の出荷額等（百億円）	上位5都道府県					上位5都道府県の対全国比（%）
			第1位	第2位	第3位	第4位	第5位	
食料品	1963年	292	A	神奈川	兵庫	B	愛知	45
	1988年	2,125	C	愛知	兵庫	神奈川	B	32
	2013年	2,495	C	愛知	埼玉	兵庫	神奈川	31
化学および石油製品・石炭製品	1963年	276	神奈川	A	B	山口	兵庫	49
	1988年	2,709	神奈川	D	B	山口	岡山	44
	2013年	4,508	D	神奈川	B	山口	岡山	48
鉄鋼業	1963年	213	兵庫	B	神奈川	福岡	A	62
	1988年	1,562	愛知	B	D	兵庫	広島	50
	2013年	1,791	愛知	兵庫	D	広島	B	49
電気機械	1963年	198	A	神奈川	B	兵庫	茨城	72
	1988年	4,678	神奈川	A	B	埼玉	愛知	40
	2013年	3,683	愛知	三重	静岡	兵庫	長野	33
輸送用機械	1963年	203	神奈川	愛知	A	広島	B	66
	1988年	3,737	愛知	神奈川	静岡	埼玉	広島	64
	2013年	5,820	愛知	静岡	神奈川	群馬	三重	63

表3-2 1963年の食料品には、飲料等を含む。2013年の電気機械は、電子部品・デバイス・電子回路、電気機械、情報通信機械の合計値を用いた。工業統計表（従業員数4人以上）による。

132

1 表3-2のA、B、C、Dは、北海道、千葉、東京、大阪のいずれかである。それぞれの都道府県名を、A＝○のように答えなさい。

4県の主要業種の変遷

　表3−2で示された業種名は、「食料品」「化学および石油製品・石炭製品」「鉄鋼業」「電気機械」「輸送用機械」の5つ、表中のA〜Dはそれぞれ、A＝東京、B＝大阪、C＝北海道、D＝千葉です。

　まず「食料品」を見てみましょう。A＝東京は1963年には第1位でしたが、その後は上位5都道府県から姿を消しています。1963年当時は高度経済成長期まっただ中であり、特に、**製造業中心から第三次産業中心の産業構造へと大きく転換**し、この変化は1960年代から1980年代にかけて顕著でした。そもそも、日本で初めて開業した鉄道は「新橋駅−横浜駅」間でした。この「新橋駅（初代）」とは現在の「汐留駅」のことであり、現在の「新橋駅（二代目）」は、当時「烏森駅」と呼ばれていました。「烏森（からすもり）」の名称は、新橋駅西側にある「烏森神社」に名を残しています。ちなみに当時の「横浜駅（初代）」は、現在の「桜木町駅」です。

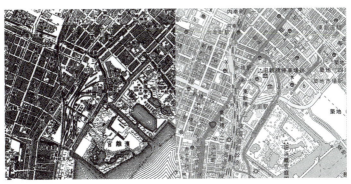

新橋駅（二代目）周辺の新旧地形図（「今昔マップ」より）

東京湾沿岸は遠浅の海域が広がっているため大型船の接岸が難しく、工業製品の積み出し港として横浜まで輸送していたほどです。つまり東京は工業の中心地でもありました。しかし、工業都市としての機能が次第に減少し、サービス業や金融業、情報通信業などの第三次産業が発展していきます。

　この背景には、まず**都市化の進展とそれにともなう土地利用の変化**があります。1960年代から70年代にかけて、東京の都市部では再開発が進み、大規模な工場用地がオフィスビルや住宅地へと転換されていきます。この影響で、工業用地の供給が不足し、**製造業は東京近郊や他の地域に移転していく傾向が強まりました**。こうして、**関東内陸工業地域**や**北関東工業地域**が発展していくわけです。1990年代以降のバブル経済の崩壊を経た再生過程では、製造業からの脱却が加速し、国際的な金融拠点としての地位を確立していきました。特に、大都市に集積する傾向の強い情報通信技術が発展したことで、東京はIT関連産業の集積地としても急速に発展しました。これにより、製造業の比重がさらに低下し、代わって**ソフトウェア産業やインターネット関連サービス業が都市経済を牽引**するようになりました。また近年では、インバウンド需要によって国外からの外国人観光客が急増しており、東京の経済において存在感を増やしています。

　また「電気機械」や「輸送用機械」も同様に、年を追うごとに順位が下がっていることからも分かるように、**日本の中でも特にサービス経済化が著しいのが東京**であるといえます。実際に、東京都の第三次従業者割合はおよそ85%と高い水準を示しています。

大阪府の「地域性」

　Aの東京都と同様に第二次産業から第三次産業へと主産業の移行傾向が見られるのが、B＝大阪府です。ここで、大阪府の地域

性を考えてみましょう。

　大阪はかつて「天下の台所」と呼ばれ、米などの物資の集散地として機能し、日本全国から商人が集まり、商業都市としての地位を確立しました。この商業的な基盤が、近代以降の大阪経済を支える要素となりました。戦後の高度経済成長期には、大阪は製造業の拠点としても重要な役割を果たします。繊維業や鉄鋼業、製造業といった産業が発展し、大阪は工業都市としての一面も持っていました。

　しかし、1980年代以降、国内外の産業構造の転換や経済のグローバル化により、工業製品の生産は次第に周辺地域や海外へと移転し、大阪の製造業が徐々に衰退していきます。

　近年では商業都市としての伝統を活かし、第三次産業が急速に発展しています。特に、1990年代以降、大阪の経済は観光業やサービス業、情報通信産業に重きを置くようになりました。関西国際空港の開港や、ユニバーサル・スタジオ・ジャパン（USJ）の開業などは、観光客誘致に一役買っており、国内外からの観光客増加にともなって、観光業も重要な経済の柱となっています。

　また、商業施設の発展も顕著で、梅田や難波といった商業エリアでは、大規模な再開発が行われ、ショッピングモールやホテル、オフィスビルなどが次々に建設されました。さらに2014年に開業したあべのハルカスは大阪経済の新しいランドマークとなっています。あべのハルカスは、大阪平野が広がる大阪にあって、上町台地に建設されています。東京の新宿のように、やはり高層建築物の建設には平野よりも台地の方が適しています。

　こうして製造業中心だった大阪は、商業、観光業、サービス業の発展によって経済的に再構築され、現代的な都市としての姿を確立していきました。また、近年ではスタートアップやベンチャー企

業の誘致にも積極的で、特に**IT分野においても東京に次ぐ拠点として成長**しつつあります。こうした多角化された産業構造は、製造業に依存しない持続可能な経済を築くための重要な要素となっています。

北海道の産業変化

Cの北海道は、日本国内で最大の面積を誇る広大な土地を有しており、農業および畜産業が盛んな地域として知られています。これにより、食料品産業が発展しており、表においても食料品の生産で上位に位置していることが示されています。北海道の農業・食料品産業の発展には、いくつかの要因が関わっています。

北海道は広大な土地を背景に、米や小麦、ジャガイモなど農作物の栽培が盛んです。また、畜産業も発達していて肉牛や乳牛の飼育が盛んであり、牛肉や乳製品の生産が行われています。これにより、北海道は「**日本の食料基地**」としての役割を担っており、都道府県別の食料自給率は218%（2022年、カロリーベース）と高い水準を誇ります。

歴史的には、明治時代の開拓期に士族授産を目的に屯田兵制度が導入され、北海道の農地開発が進められました。これにより、北海道の広大な未開地が農地として整備され、農業生産の基盤が築かれていきます。その後、国策として北海道開発が進み、農業技術の革新や大規模なインフラ整備が行われた結果、北海道は近代的な農業地域として成長しました。また、冷凍技術や輸送技術の発達により、北海道で生産された農産物や畜産物は、国内外への出荷が容易になりました。**コールドチェーンの発達**です。高鮮度保持を要する乳製品や野菜、果物は、全国各地に出荷され、北海道ブランドとしての高い評価を得ています。

加えて、観光業との連携も強化されており、北海道を訪れる観光客が地元の食材を求めることが、食料品産業のさらなる発展を促進しています。近年では、北海道産のオーガニック食品や地元特産品が注目を集めています。

　このように、北海道の農業および食料品産業は、気候や土地の特性を最大限に活かし、技術革新や物流インフラの進展とともに発展してきたといえます。これにより、北海道は国内屈指の農業・食料品生産地としての地位を確立しているわけです。

日本有数の工業地域「千葉県」

　千葉県は、京浜工業地帯と並ぶ**日本有数の工業地域**として、京葉工業地域を中心に**鉄鋼業や石油化学工業が盛んに発展してきた地域**として知られており、東京湾に面する千葉市、木更津市、市原市などの沿岸部を中心に形成されています。

　これは、高度経済成長期における製造業の拡大とともに進んだもので、特に鉄鋼や化学産業においては、国内市場の需要増加に対応するため、千葉県に大規模な工場が建設されました。また、東京に隣接しているため、首都圏の消費者に近いという立地の利点を活かし、多くの製品が首都圏へ迅速に供給されています。

　また、東京湾は横浜の本牧岬以北の海域に水深40m未満の浅い海底が広がっており、特に東京湾北東部（千葉港周辺の海域）は、単調な海域が広く存在するため、港湾施設の整備が容易であることも地理的優位性といえます。つまり、沿岸部の前置斜面の傾斜が緩やかであるため、埋め立て地として活用しやすかったといえます。新旧の地形図を比較すると、1970年代には広い範囲が埋め立てられていることがわかります。

千葉港周辺の新旧地形図(「今昔マップ」より)

　こうした「地の利」が鉄鉱石や石炭、原油などの原燃料、鉄鋼や化学製品といった大規模かつ重量のある製品の輸送を可能にしており、千葉に大規模な工業地帯を形成した要因の一つです。

　これに合わせて、千葉県では原材料を供給するための陸上輸送のインフラ整備が進められました。その一つが東京湾岸道路です。東京湾に沿って敷設されたバイパス道路であり、京葉工業地域と京浜工業地帯を通過する大動脈となっています。海路と陸路の結節点であり、製造業と輸送網の連携が図られています。

　近年では次世代の産業構造にも対応すべく、石油化学工業や鉄鋼業に加えて、半導体や情報通信機器といったハイテク産業も発展してきています。こうした産業の多様化こそが、千葉県の経済を支える基盤であり、それに合わせて国内外からの資本投下、そして人材の集積が見られる地域となっています。

> **1 の解答例** A-東京、B-大阪、C-北海道、D-千葉

産業の空洞化

> **2** 表3-2の上位5都道府県の対全国比について、1963年〜
> 1988年の変化をみると、輸送用機械ではほとんど変化していないの
> に対し、電気機械では大幅に低下してきている。こうした変化の理由
> として考えられることを、2行以内で述べなさい。

　表3-2中の「上位5都道府県の対全国比（％）」を見ると、1963
年から2013年にかけて、「輸送用機械」は66％から63％へとほと
んど変化が見られませんが、「電気機械」は72％から33％へと激
減しています。

　「ブロッコリーは野菜です」くらい当たり前のことですが、経年で
減少傾向を示すのは、**「それ以外の地域に工場移転が見られた」**と
いうことです。与えられている1963年、1988年、2013年の時代
背景を考えてみましょう。

　1963年は高度経済成長期であり、この時代の日本の産業構造
は**重厚長大の素材供給型産業**が中心でした。しかし、1973年の
第四次中東戦争をきっかけにオイルショックが起こると高度経済成
長期が終わり、替わりに**軽薄短小の加工組立型産業**が中心となり
ました。「自動車」や「機械類」、「ハイテク産業」などがこれに該当
します。それ以来、日本だけでなく先進国の多くが、「自動車」「機
械類」が主要輸出品目となり、輸出統計の上位を占めるようになっ
ていきます。こうした加工組立型産業の工場は、地価の高い大都
市周辺よりも、太平洋ベルトの外側などの地価が低く、また安価で
広大な土地を得やすい地域を選好し、工場移転が進みました。特
に、ハイテク産業は製品価格が高く輸送費負担が小さい傾向があ
るため、輸送には航空機や高速道路が利用されるようになり、大都
市以外の地方都市への工業の分散化が進められていきました。こ

139

れと前後して、九州地方や東北地方では半導体を中心としたハイテク産業の進出がみられ、前者はシリコンアイランド、後者はシリコンロードと称されました。

1985年9月のプラザ合意によって急激に高騰した円を背景に輸出産業は大打撃を受け、町工場の倒産が相次ぎました。1988年はすでにバブル景気（1986年12月～1991年2月）に沸いていた時代であり、工場の海外移転が本格化していた時代です。こうして、製造品出荷額や就業機会が減少する産業の空洞化が起きてしまいます。特に1963年から1988年にかけての減少幅が大きいのは、こうした時代背景によるものと考えられます。

> **2の解答例** 輸送用機械は組立工場の周辺に関連工場が集積する傾向が強く、電気機械は安価な労働力や土地を求めて地方都市へ移転したため。（59字）

電気機械は2013年に33％を示しており、1988年比較でそれほど大きくありませんが減少傾向が続いていることが分かります。問題では問われていませんが、時代背景を考えてみましょう。バブル崩壊後の日本は、未だに回復の兆しが見えない「失われた30年」が続いており、この間、産業構造の多様化によってハイテク産業の工場が全国的に分散しました。また、製造拠点の維持や拡大が困難となり、電気機械産業のシェアが縮小傾向にあります。

さらに昨今の世界経済は**国際分業体制**が深化しており、それにともなって経済連携協定（EPA）や自由貿易協定（FTA）の締結が進んでいること、デジタル家電やスマートフォンの登場によって、より低コスト生産が可能な賃金水準の低い国へと工場が移転したことなどが考えられます。

一方で、自動車やバイクなどの「輸送用機械」は一台を生産する

ために、多くの部品を必要とします。そのため、部品製造を担う子会社や孫会社などを傘下に持ち、集積の利益を目指して、これらが集まる傾向にあります。それだけ雇用力が大きく、簡単にいうと「大所帯」であるため、工場移転は非常に難しいと考えられます。よって、輸送用機械ではほとんど変化がみられないのです。

地域別産業構造の変化と出荷額減少の背景

3 表3-3では、2003年～2008年にかけては、いずれの県でも、出荷額等の増加がみられたのに対し、2008年～2013年にかけては、大幅な減少がみられた県がある一方で、わずかな減少にとどまった県もある。こうした違いが生じた理由として考えられることを、以下の用語をすべて使用して、3行以内で述べなさい。

アジア　デジタル家電　輸出

| 県 | 出荷額等の増減率（%） | | 出荷額等の上位業種 | | |
	2003年～2008年	2008年～2013年	年	1位	2位
秋田	19.6	−28.9	2008年	電子部品等	化学
			2013年	電子部品等	食料品
山形	11.8	−23.1	2008年	情報通信機械	電子部品等
			2013年	電子部品等	情報通信機械
長野	16.6	−22.8	2008年	情報通信機械	電子部品等
			2013年	電子部品等	情報通信機械
福岡	18.4	−4.7	2008年	輸送用機械	鉄鋼
			2013年	輸送用機械	食料品
大分	45.6	−0.6	2008年	鉄鋼	化学
			2013年	化学	輸送用機械

表3-3 電子部品等は、電子部品・デバイス・電子回路を指す。
工業統計表（従業員数4人以上）による。

表3−3より、2008～2013年にかけて、秋田県、山形県、長

野県では大幅に減少していますが、福岡県、大分県ではわずかな減少にとどまりました。「出荷額等の増減率（％）」だけで解答することは不可能ですので、表3-3では同時に「出荷額等の上位業種」も示されています。**東大地理においては基本的な表の作り方**です。

　つまり、**「大幅な減少」と「わずかな減少」の違いは、それぞれの地域で出荷額の上位を占める産業に基づいており、これを探りなさい**と問うています。

　まず、秋田、山形、長野の3県では、主力産業が「電子部品等」や「情報通信機械」であり、これらの産業は先述のように工業の地方分散化によって発展してきました。これらの地域は、東北自動車道や中央自動車道沿いに位置しており、国内物流の重要な拠点として成長しました。
　大量生産を基本とする安価な製品は、コスト削減のためより賃金水準の低い国や地域で生産される傾向があります。このようにして、電子部品やデジタル家電の生産は、中国をはじめとする賃金水準の低いアジア諸国へと移転され、国内の工場は閉鎖や縮小が進みました。こうした産業の空洞化により、秋田、山形、長野では出荷額が大幅に減少したと考えられます。また世界金融危機を背景に、海外への工場移転を後押しする結果ともなりました。

　一方、福岡と大分では「輸送用機械」や「鉄鋼」、「化学」が主力であり、上の3県とは異なる経済的な動向を見せました。特に自動車産業は、近年の中国や東南アジア諸国の経済成長にともなう市場規模の拡大により、その製造拠点となっています。福岡や大分では、大衆車だけでなく高級車や多目的車の生産も盛んであり、これらの製品は輸出指向型生産により、国内での生産が維持されま

した。結果として、これらの県では大幅な減少は避けられ、わずかな減少にとどまったと考えられます。

また、福岡や大分における輸送用機器の生産は高度な技術を要するため、関連工場が集積し、雇用を守る意味でも容易に海外に移転できません。そのため、これらの県では「輸送用機械」が堅調に推移し、出荷額の減少が比較的少ない結果になりました。

総じて、秋田、山形、長野では電気機械や電子部品の工場移転による影響が大きく、福岡や大分では輸送用機器産業が維持されたため、減少幅に違いが生じたといえます。

> **3 の解答例** 減少率が高い県はデジタル家電の生産拠点をアジア諸国に求め、減少率が低い県は輸送用機械が主力産業であり、輸出や国内販売のための生産拠点となっており、また関連工場が集積するため。(87字)

3-2

知っているようで知らない「半島」の秘密

（2019年度第3問設問B）

設問B　次の文は、日本の5つの半島について、それぞれの特徴を説明したものである。以下の問いに答えなさい。

A半島　この半島では、大手水産会社が手がける遠洋漁業の拠点が置かれ、ダイコンなどの畑作物の栽培が盛んであった。高度成長期に大都市の通勤圏が外側に拡大するなかで、住宅地開発が盛んに進められた。しかしながら、現在は、高齢化が進み、人口の減少が大きな問題となっている。

B半島　この半島は、リアス式海岸で知られ、第2次世界大戦前から真珠の養殖が行われてきた。また、大都市圏に比較的近いために、私鉄会社が半島の先まで路線網を伸ばし、大都市圏から行楽客を多く集めてきた。外国の街並みなどを模したテーマパークが開発されたり、世界的に著名な高級ホテルが進出したりしている。

C半島　この半島では、農業と漁業が中心的な産業であったが、1960年代に大規模工業基地の建設が計画され、広大な用地の買収、土地の造成がなされた。しかしながら、1970年代のオイルショックにより計画は頓挫した。その後、核燃料廃棄物関連の施設が立地しているものの、現在でも利用されないままの土地が少なくない。

D半島　この半島には、国宝にも指定されている平安時代の大堂で知られる寺院をはじめ、歴史の古い寺院が多くある。最近では「昭和の町」として知られるまちづくりにより、観光客を集めている。かつては、海を挟んだ隣の県の農民が、ミカンの出作りをしたことでも知られるが、現在では休耕地も多くなっている。

E半島　この半島では、平地は少ないが、棚田の風景は有名である。伝統産業として漆器産業が盛んであり、また1970年代には、農村労働力を求めて、繊維関係の工場が多く進出した。しかしながら、合繊不況により、繊維の工場は多くが閉鎖されている。従来から水産業、観光業が盛んであったが、最近ではその内容が大きく変わってきている。

半島には「地の利」がある

1 A〜Cの半島は、図3-1の①〜⑦のいずれかである。該当する半島をA-○のように答えなさい。

図3-1

2019年度第3問設問Bでは、「半島」をテーマにした問題が出題されました。

半島とは、三方を水域に囲まれ、残りが大陸と繋がっている陸地を指し、陸地が海に向かって突出した形状をしています。**地理的位置として陸路と海路の結節点となる地の利があるため、古くから貿易拠点など戦略性の高い場所として利用されてきました。**

アラビア半島やイベリア半島、朝鮮半島など、歴史上、貿易拠点や文化交流、はたまた軍事的要衝として重要視された半島が数多くあります。イギリスが依然としてジブラルタル海峡に臨む場所を領土としていることも、その重要性を物語っています。

ちなみに、半島ほど大きくなく規模の小さいものは「岬」と呼ばれます。岬があるからこそ沿岸海域の波が穏やかとなる地の利が生まれ、横浜港や神戸港のような良港が形成され、港湾都市として発展しました。波穏やかな海域とする岬は、前者が本牧岬、後者が和田岬です。もちろん、浚渫工事が不要なほど水深が深いという自然条件も、良港となった背景です。「3-1」にて、「東京湾沿岸は遠浅の海域が広がっているため、大型船の接岸が難しく、工業製品の積み出し港としては横浜まで輸送していた」と書いたのは、横浜港に良港となる自然条件が揃っていたからです。

> **1の解答例**　A-②　B-⑤　C-①

都市の郊外化と高齢化するニュータウン

> **2**　A半島の下線部で示したように、大都市圏に比較的近い半島で、高齢化や人口減少が進んでいる理由を1行以内で説明しなさい。

　A半島は、三浦半島（図中②）です。非常に情報量の多い説明文です。ひょっとすると作問した先生は、横浜DeNAベイスターズのファンなのかもしれません。2024年、日本シリーズ優勝にさぞかし歓喜したことでしょう。

　それはさておき。

　三浦半島は神奈川県の南東部に位置し、東京湾と相模湾に挟まれた細長い半島です。首都圏から電車や車で1時間程度とアクセ

スが良く、東京圏の通勤圏内に含まれます。大都市の通勤圏が郊外へと拡大するなかで、1960年代以降、半島内では住宅地開発が盛んに進められました。都市の郊外化です。特に北部地域である横須賀市、逗子市、葉山町などはベッドタウンとして発展し、多くの人々が都心から移り住むようになりました。

　一方、南部地域の三浦市では1980年には4.9万人いた人口が、2020年には4.2万人に減少しており、また老年人口割合（高齢化率）は1980年の8.6％から2020年には40.7％にまで上昇しています。つまり、若年層の都市部への流出が続いているということです。若者の流出は地域の活力低下に繋がるわけですから、自治体や地元企業は移住促進や地域活性化の取り組みを進めています。これは、「高齢化するニュータウン」として、入試の頻出テーマなのですが、それに気づけた受験生はすんなり解答を作成できたと思います。

　特に高度経済成長期は、日本各地で新興住宅地が次々と誕生しました。1970年代になるとさらに都市の郊外化が進み、第2次ベビーブームが背景となってその動きが加速していきます。しかし、時代を経て、当時流入した親世代の子供たちが成長すると、就職や進学、結婚などを機に他の地域へと巣立っていきました。**2000年前後に起きた「都心回帰」**は、この流れを反映しています。

　こうした課題から、郊外の住宅地ではバリアフリーを念頭に置いた街づくりが求められるようになっています。具体的には、段差のない歩道やエレベーターの設置、公共交通の充実など、高齢者が安心して暮らせる環境整備が進められています。また、地域の空き家や廃校となった施設を活用したコミュニティースペースの設置など、住民同士の交流を促進する取り組みも重要です。

　三浦半島は温暖な気候と肥沃な土壌に恵まれ、ダイコンやキャベ

ツなどの栽培が盛んで、中でも「三浦大根」は全国的に有名です。現在我々が食べている大根のほとんどが青首大根となっていますが、三浦大根は大正時代から栽培されてきた歴史ある大根です。近年は年末からお正月にかけて食される大根として栽培が行われています。三浦大根は通常の大根よりも太くて長く、重さが5kgを超えるものもあり、肉質は緻密で甘みが強く、煮崩れしにくいため、煮物やおでん、そして「なます」の材料として重宝されています。

また、海に囲まれた地理的条件を活かし、古くから漁業が盛んです。特に三崎港はマグロの水揚げ量が多い漁港として知られ、かつて大洋漁業が遠洋漁業の拠点を置いていました。大洋漁業の源流となる林兼商店は南極海にまで進出して捕鯨を行っていました。

1945年に「大洋漁業株式会社」と改称し、1949年には「まるは大洋球団」を結成してプロ野球に参入します。同球団は翌年には「大洋ホエールズ」と改称し、紆余曲折を経て現在の横浜DeNAベイスターズとなります。ちなみに、初めて東京大学野球部出身のプロ野球選手となった新治伸治（1941 〜 2004年）は、大洋漁業に入社した後、大洋ホエールズへの「出向」を命じられ、サラリーマンのまま選手として4年間プレーしました。

そして、大洋漁業の創業者である中部家が創立した幾徳工業高等専門学校を母体として設立されたのが、現在の神奈川工科大学です。大洋漁業は後に「マルハ株式会社」改称し、さらに株式会社ニチロと合併して、「マルハニチロ株式会社」となります。

三浦半島は**日本の近代史の転換点となった場所**でもありました。1853年、アメリカ合衆国からマシュー・ペリー提督が浦賀に来航しました。これに対して江戸幕府は、防衛体制を強化するために江戸湾に七つの砲台を築き（第七台場は未完成）、その場所は後に、「砲台を築いた場所」、つまり「台場」という地名として現在にいたり、

翌1854年に開国することとなります。そして、現在の横須賀市には海上自衛隊や在日米軍の基地があり、国防の拠点としての側面も持っています。

> **2 の解答例** 住宅地開発時に移住した人々の高齢化、その子世代の流出による。（30字）

産業構造の転換と社会資本の発展

　B半島は、志摩半島（図中⑤）です。志摩半島は三重県の南東部に位置し、太平洋に面した風光明媚な地域です。出入りの激しい鋸歯状の海岸線であるリアス海岸が広がります。リア（ria）は「入り江」を意味するスペイン語であり、スペイン北西部に位置するリアスバハス海岸が名前の由来となっています。リアス海岸は、山地が沈水して谷の部分に海水が入り込むことで形成され、複雑な湾や入り江が数多く存在します。英虞湾や五ヶ所湾の沿岸はリアス海岸の典型として知られ、水深が深く波穏やかであるため、養殖業を営むのに適しています。

　御木本幸吉によって世界で初めて真珠の養殖に成功した場所が英虞湾でした。試行錯誤の末、1893年にアコヤガイを用いた半円真珠の養殖、1905年になると完全な球体の真珠を生み出すことにそれぞれ成功しました。

　実は、<u>この成功が日本だけでなく、世界の真珠産業に大きな影響を与えた</u>ことはあまり知られていません。御木本の養殖真珠の登場により、中東のカタールやバーレーンなどで盛んだった天然真珠産業が打撃を受けました。養殖真珠ではありながらも品質が良く、価格が比較的手頃であったため、世界市場での需要が養殖真珠に

移行し、その結果、中東諸国の天然真珠産業は衰退していきます。しかし、「捨てる神あれば拾う神あり」がごとく、1930年代になるとペルシア湾周辺で原油の埋蔵が発見されると産業構造の転換が起こり、現在に至るというわけです。

　現在、御木本の業績をたたえるミキモト真珠島は博物館として一般公開され、真珠の歴史や製造工程を学ぶことができます。元々、同島は「相島（おじま）」と呼ばれており、御木本が半円真珠の養殖に成功した場所でもありました。1929年に御木本が購入し、その後は日本初の「海上テーマパーク」として開設されました。そんな業績をもつ御木本が真珠とは全く関係ない「うどん屋の倅」だったことは興味深い話です。

　志摩半島にある、「外国の街並みなどを模したテーマパーク」とは、「パルケエスパーニャ」のことを指していて、さらに「ホテル志摩スペイン村」「ひまわりの湯」とともに、志摩スペイン村を構成しています。また「世界的に著名な高級ホテル」とは志摩観光ホテルのことを指しており、2016年のG7伊勢志摩サミットの開催地となって各国首脳が滞在しました。

　そんな志摩半島の観光を支えるのが近鉄（近畿日本鉄道）志摩線、終点の賢島駅が位置する賢島は英虞湾に浮かぶ小さい島です。この賢島こそが、英虞湾で養殖される真珠の資材基地として発展し、1929年に貨物駅として真珠港駅が開業します。しかし、時代とともに競争相手が増えることは必然であり、独占状態だった志摩の真珠が徐々に競争力を失っていくと、1969年に真珠港駅は廃駅となりました。その頃には、「志摩半島に観光地としての潜在力あり！」と考えた近鉄が志摩線を運営するようになり、志摩半島の観光地としての魅力を格上げしていきます。

　このように元々は資材搬入のための貨物輸送が行われていた路

線が、時代とともに旅客路線へと発展していった例は日本には数多く存在します。例えば、東急田園都市線などは、元は渋谷駅と二子玉川園駅（当時）を結ぶ、玉川電気鉄道が運営する路線でした。当時は玉川線と呼ばれ、多摩川で採取した砂利を輸送していました。1923年の関東大震災後の震災復興期に、木材に変わってコンクリートの原料として砂利輸送が活発化したことが背景です。1934年に多摩川にかかる二子橋より下流側の砂利の採取が禁止されると玉川線は旅客路線となり、沿線の住宅地開発が進んでいきます。

　時代が変われば産業構造が変わり、それに合わせて社会資本が進化していくわけですね。

下北半島のこれまで

　Ｃの半島は、下北半島（図中①）です。下北半島は青森県の北東部に位置し、三方を海に囲まれた自然豊かな地域であり、古くから農業と漁業が主要な産業でした。かつて、六ヶ所村は村民のほとんどが出稼ぎで生計を立てる寒村でした。

　1960年代の高度経済成長に合わせて「むつ小川原開発計画」が立ち上がります。これは青森県上北郡六ヶ所村を中心とする一帯に広大な土地を買収・造成し、石油化学コンビナートや製鉄所などからなる、大規模な工業基地を建設する巨大プロジェクトでした。高度経済成長期は大都市圏への人口集中が見られ、過疎・過密の問題が顕在化した時代です。そこで、地方経済の活性化を目的に産業の地方分散を推進しようとしたわけです。

　下北半島は三方を海に囲まれ、特に西側は内海である陸奥湾に臨むため波穏やかであり、また深い海岸線をもつため大型船の接岸が可能な港湾施設の建設に適していました。

　しかし、不測の事態は突然やってきます。

152

1970年代の二度のオイルショックにより石油価格が高騰し、重厚長大型産業は大打撃を受けます。結果、自動車や電気機械などの加工組立型産業へと産業構造が転換し、1985年のプラザ合意による円高が進行するまでの間、日本は安定成長期へと移行します。

　こうなると、大規模な設備投資よりも効率化や省エネルギー化が模索されるようになり、また環境問題への意識の高まりもあって、結局、むつ小川原開発計画は頓挫してしまいます。

　結果として、用意された広大な土地は未利用のまま残されましたが、1980年代になると、六ヶ所村には核燃料サイクル施設が立地し、核燃料再処理工場やウラン濃縮施設などが稼働しています。また、近年では原子力発電所や風力発電所、石油備蓄基地などが建設され、大間町には原子力発電所を建設中です。

　その大間町は、下北半島最北に位置し、ここから北海道までの距離はわずか18kmと近く、天気が良い日には函館の街並みがはっきりと見えることもあるそうです。

　言わずもがなですが、大間町といえば「大間のマグロ」としてマグロの一本釣りで有名ですね。また下北半島は、恐山という日本三大霊場の一つを有しています。ここでは「イタコ」と呼ばれる女性たちが亡くなった人の魂を呼び寄せる「口寄せ」という独特の文化が継承されています。

半島がもつ「メリットとデメリット」

3 　一般的に、半島は、条件不利地として捉えられることが多く、典型的な過疎地域として指摘されることが多い。しかしながら、D半島やE半島では、空港の整備によって、地域経済が大きく変わってきている。D半島、E半島でのそれぞれの地域経済の変化について、以下の用語を用いて、あわせて3行以内で説明しなさい。

　外国人　グローバル化　ハイテク産業

　Dの半島は国東半島（図中⑦）、Eの半島は能登半島（図中⑥）です。

　一般的に、日本列島にみられる半島の多くが山がちな地形や海に囲まれていることから、交通の便が悪く、条件不利地として過疎地域の典型と捉えられることがあります。しかしながら、大分県の国東半島と石川県の能登半島では、その常識を覆すような地域経済の変化が起きています。**空港の整備を契機に、外国人観光客の増加やグローバル化、ハイテク産業の進出など、新たな活力を得ている**のです。

　国東半島は大分県の北東部に位置し、かつては農業と漁業が主要な産業でした。「『昭和の町』として知られるまちづくりにより、観光客を集めている」とあるのは、大分県豊後高田町のことを指しています。

　かつて豊後高田町の商店街は多くの人々で賑わっていましたが、やがて大型スーパーが出店し、客足がスーパーに流れたことで、商店街は次第に衰退していきました。**「大型駐車場を備えた、郊外のロードサイド店に客足を取られる、既存の商店街」、これも入試では定番のテーマです。**

しかし、2000年代に入ると、商店街は昭和30年代の懐かしい街並みを再現する取り組みを始め、当時の古い建物を活用した改装が行われました。昭和の風情を残した商店街は「昭和の町」として知られるようになり、その目新しさが観光客に支持されるようになっていきます。

　現在、この「昭和の町」には年間20万人以上の観光客が訪れています。商店街の雰囲気づくりには、地元の人々が思い出の写真や昔の看板を提供するなど、昭和時代を再現するための協力が加わって、古き良き時代の空気がそのまま残されています。さらに、店舗では昭和時代の駄菓子や雑貨が販売され、観光客はタイムスリップしたかのような感覚を楽しめるようになっています。

　また、「海を挟んだ隣の県の農民が、ミカンの出作りをした」という記述があることから、この地域における農業の特色も見て取れます。ここでは、隣の愛媛県で盛んなミカンの栽培が想起されます。愛媛県は温暖な気候を活かしてミカンの栽培が非常に盛んであり、収穫期には県外からの農家が「出作り」と呼ばれる一時的な出稼ぎに訪れることもありました。

　高度経済成長期以降、都市部への人口流出が進み、過疎化が深刻な問題となっていましたが、転機が訪れたのは、**1971年に開港した大分空港**の存在です。

　空港の整備により、航空輸送を活用した高付加価値製品の生産が可能となり、ハイテク産業の進出が進みました。特に、半導体や電子部品などの製造企業が集積し、これらの製品は世界各地に輸出されています。飛行機の輸送費は高いものの、製品自体の価格が高いため、輸送費負担が小さくなります。そのため迅速な輸送が求められるハイテク産業は臨空港立地型となり、グローバルな市場での競争力を高めています。

155

さらに、国東半島では外国人技術者の受け入れが進み、**多様な人材が地域経済を支えている**ようです。異なる文化や価値観を持つ人々がともに働くことで、住民生活の末端ではデメリットもあるかもしれませんが、新たなイノベーションが生まれ、地域の活性化に寄与しています。

　一方、Eの能登半島は石川県の北部に位置し、美しい海岸線と山々が織りなす風光明媚な地域です。**伝統的な漆器産業である輪島塗**が盛んで、豊かな文化が息づいています。

　日本列島のような大陸東岸に位置している地域は、モンスーンの影響から夏は高湿、冬は低湿となりがちです。しかし、石川県は日本海側に面しているため、冬のモンスーンが日本海上で高湿化して吹きつけるため、年間を通して湿度が高い地域です。漆の硬化には高い湿度を必要としますので、輪島市で漆器産業が発達したのも合点がいきます。しかし、こちらも過疎化と高齢化が進行し、地域経済の停滞が懸念されていました。

　転機となったのは、2003年に開港した能登空港です。就航路線の拡大により、アジア諸国からの外国人観光客が増加し、地域経済に新たな風が吹き込まれました。特に、**農山漁村に滞在して自然や伝統文化に触れるグリーンツーリズムや農泊**が注目を集めています。

　訪日外国人の多くは、一般的には「ゴールデンルート」と呼ばれる定番ツーリズムを選ぶことが多く、これは、東京や大阪、京都といった日本を代表する観光地を巡るパッケージツアーで、旅行会社が企画し、比較的短い日程で効率よく日本の主要な観光スポットを見て回ることを目的としています。しかし、近年では「日本の大自然や田舎の暮らしに触れたい」という外国人観光客のニーズが高まっており、それを受けて日本政府や地方自治体は農泊を推進していま

す。

　農泊を受け入れる農山漁村にはさまざまなメリットがあります。例えば、**観光収入による所得向上や地域経済の活性化、観光業や農業の雇用創出により地域の雇用が増え、都市部からの移住者の増加**につながるケースも出てきています。また、農泊により農家の空き部屋や地域の空き家が宿泊施設として活用され、放置されがちな耕作放棄地の再活用も期待されています。

　訪日外国人が日本の大自然や田舎の暮らしを体験することで、地域の魅力を世界に発信しています。また、輪島塗などの伝統工芸品も、空港を通じて海外市場への展開が進んでおり、また高品質な手仕事が評価され、欧米やアジアの富裕層からの需要が高まっています。これにより、**伝統産業が再び脚光を浴び、若い世代の職人が増加傾向**にあります。

　しかし、これらの地域が抱える課題も忘れてはなりません。能登半島周辺は地震が頻発する地域です。1993年、2007年にそれぞれ大きな地震が発生し、2018年以降は地震回数が増加し、2020年から地震活動が活発になっていました（能登群発地震）。そして記憶に新しいのが、2024年1月1日16時10分に発生した「令和6年能登半島地震」です。この地震で、輪島市と志賀町で最大震度7を記録しました。震度7を記録したのは、日本の観測史上7回目でした。あくまで「観測史上」ですので、「近年、強い揺れを引き起こす地震が増えた」というわけではありません。日本列島の歴史上、大きな地震が数年おきに、「日本列島のどこか」で発生しています。最大震度7を記録した7回の地震は、1995年1月から2024年1月の間に発生していますので、およそ4年に一度のペースといえます。

　能登半島地震のさい、山がちな地形ゆえに救助活動が困難を極

めました。道路の寸断や土砂崩れにより、被災地へのアクセスが制限され、救援物資の輸送にも時間を要しました。この経験は、同様に山がちな地形を持つ伊豆半島でも起こり得るのではないかと考えられます。

　伊豆半島も観光地として多くの人々を惹きつけていますが、災害時の対応力が問われています。**半島特有の地形が、経済活動にとって地の利となることもあれば、災害時に弱点となり得ることもあるわけです。**社会資本整備や防災計画の見直しについては政治に任せることですが、同時に地域住民の防災意識の向上は必然といえます。

　そのために地理教育があると言っても過言ではありません。

> **3 の解答例**　D半島は国際分業体制が進んだことで臨空港立地を選好するハイテク産業が立地し、E半島では外国人観光客の来訪者が増加して観光業が成長するなど両半島ともに地域経済のグローバル化が進んだ。（90字）

3-3

変わりゆく東京郊外から、「日本の未来」を考えよう

（2022年度第3問設問A）

設問A　　図3-1と図3-2は、東京都心から北東方向約30km
に位置するX市の北部を中心に、異なる時点の国土地
理院発行の2万5千分の1地形図をもとに作図したものである。
図3-1によると、台地の部分で、1960年代から大規模な土地
改変が行われる一方で、(1) 従来からの地形と土地利用との対
応関係も読みとれる。

X市では、第2次世界大戦前に飛行場や軍需工場などが置
かれていたが、それらの土地が戦後、アメリカ軍に接収され、
その通信施設となっていた。図3-2では、米軍通信施設跡地が、
大きな公園や総合競技場、住宅団地、大学の新キャンパスに
変わっていることがわかる。

図3-1と図3-2を比べると、交通体系が大きく変わってきたこ
とがわかる。図3-2では、高速道路がみられるが、(2) 高速道
路のインターチェンジ付近を詳しくみると、工業団地の敷地内も
含め、新たな施設が建設されてきている。

鉄道の新線が開通し、新たに駅が設けられたことも大きな変
化で、(3) X市では、図3-1の大規模改変とは異なる新しい空
間が出現し、これまでのX市の産業構造を変えるような動きや「ス
マートシティ」をめざす新たな街づくりが進められてきている。

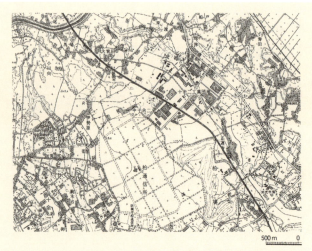

図3-1 1975年発行の2万5千分の1地形図をもとに作図。

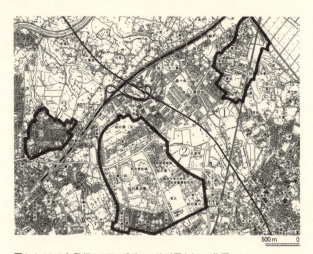

図3-2 2019年発行の2万5千分の1地形図をもとに作図

周辺よりも一段高い高燥地

> **1** 下線部(1)に関して、図3-1から読みとれる地形と土地利用との対応関係を、1行で述べよ。

2022年度第3問設問Aでは、長いリード文を読み、そして地形図を判読して解答する設問が出題されました。東大地理では、数年に一度、忘れた頃に地形図の判読が出題されます。

図3-1中に「柏通信所」の文字が見えます。この地は、1938年に旧帝国陸軍が建設した柏飛行場があった場所です。

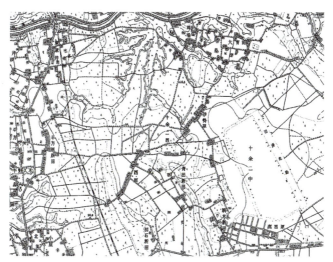

「今昔マップ」より（首都圏、1944〜54年より）

当該地域を「今昔マップ」で確認すると、「旧滑走路」の文字が見

えることから、それが分かります。さらに面白いのが、「青田新田」「駒木新田」「初石新田」「平方原新田」といった地名がみられることです。このような「〇〇新田」という地名が見られる場所は、主に江戸時代に新しく開拓された水田や畑が由来となっています。

特定の地域や国が、持続可能に支えることのできる最大人口数を可容人口といいます。可容人口は住宅や社会資本の整備状況や教育・医療へのアクセス状況、環境許容量などで決まりますが、特に「食料供給量」と「就業機会」が大きな要素となります。日本においても、戦後の人口急増期には日本各地で干拓地が設けられ食料の増産を図りました。八郎潟（秋田県）や有明海沿岸（佐賀県など）の干拓地が典型例です。

江戸時代に限りませんが、人口が増加すればそれにともなって食料需要が高まります。人口増加期において、可容人口を維持するためには既存の農地だけでは難しくなりますので、江戸幕府や諸藩は食料生産量を増やす目的で湿地や沼沢地、干潟などを干拓、開墾するなどして、文字通り「新田」を造成しました。

これらの新田は、開発者の名前や地形的特徴、地域名などと組み合わせて地名となり、例えば「宮路新田」は宮路氏が開発した新田（「宮路新田」は実在しません）、「大川新田」は大きな川の近くにある新田といった命名がなされました。

新田開発に関しては、江戸幕府8代将軍・徳川吉宗の治世におけるものが有名ですが、新田開発自体は江戸時代を通して絶えず行われ、農業生産の増加だけでなく、開発者や農民にとっての経済的利益、さらには地域の発展にも寄与しました。こうした背景と理由から、「〇〇新田」という地名が各地で見られるようになったのです。

新田開発の多くは、低地である沖積平野や河川の氾濫原、干潟、

湖沼の干拓地など、水利に恵まれた場所を中心に行われました。しかし、江戸時代後期には治水や井戸掘削技術が向上したため、段丘面や台地といった一段高い「高燥地」にも新田開発が行われるようになりました。高燥地では地下水位が深いため、特に水利が難しい乏水地ですが、水利確保が可能になったことで開発が進みました。一方、地下水位が浅い場所は「低湿地」と呼ばれ、扇状地の扇端や三角州などが代表的です。

　一般に新田開発は水利に恵まれた低湿地で行われることが多かったのですが、このように台地上にも「○○新田」という地名が見られることがあります。

　背景として、江戸時代の治水技術や井戸掘削技術の向上によって、水利に乏しい台地でも農地開発が可能になったことが挙げられます。また、人口増加にともなう農地需要の高まりから、通常の低湿地に限らず、高燥地でも新田開発が行われました。さらに、新しく開発された土地や居住地に「○○新田」と名付けることもあり、こうして台地上にも「新田」の地名が残っているわけです。

　図3-1を見ても分かる通り、図中の北部と東部に河川が流れていますので、流域は水利に恵まれた豊水地となり水田が拓かれました。これは低湿地にあたります。しかし**周辺よりも一段低いということは河川氾濫のリスクが存在する**ため、集落は安全のため一段高い段丘面や自然堤防などに設けられていました。現代を生きる我々が忘れがちな視点ですが、河川沿いは氾濫により水害に遭うリスクが大きいことを念頭に置く必要があります。

> **1の解答例** 台地では集落や畑地、河川流域は水田にそれぞれ利用される。（28字）

飛行場から通信所、そして大学キャンパスへ

> **2** 下線部（2）に関して、どのような施設が建設されてきているか、そうした変化の理由とともに、2行以内で述べよ。

　図3-1で、「柏通信所」の文字が確認できます。ここは戦後に開拓農地に転用されますが、1950年に朝鮮戦争が勃発すると、米軍が通信施設用地として接収し、柏通信所が設けられ運用が開始しました。

　リード文に「大きな公園や総合競技場、住宅団地、大学の新キャンパスに変わっていることが分かる」とありますので、1975年（図3-1発行年）と2019年（図3-2発行年）の間でどのような土地利用の変化が見られたのか、今昔マップで確認してみましょう。

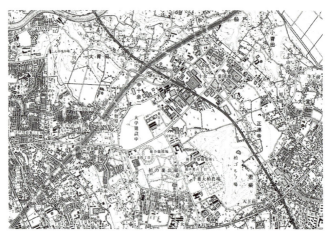

「今昔マップ」より（首都圏、1998～2005年）

柏通信所跡地には、「柏の葉公園」が造園され、敷地内には「総合競技場」が建設され、また「柏の葉一丁目から三丁目」にかけて新興住宅地が造成されています。新興住宅地は、家屋が整然と並ぶこと、モータリゼーションの進展に合わせて道路幅が広いことなどが特徴です。そして、「大学建設中」となっている場所が、後に「東京大学柏キャンパス」となります。

広域経済圏と21世紀版都市の郊外化

　「図3-1と図3-2を比べると、交通体系が大きく変わってきたことがわかる」とあります。先ほど示した「今昔マップ（首都圏、1998～2005年）」の図では、すでに「高速道路」と「国道16号線」が敷設されているのが分かりますが、図3-2ではさらに、「鉄道路線」が敷設されています。ここでいう「鉄道路線」とは、「つくばエクスプレス」のことです。これらを強調して表したのが、次の図です。

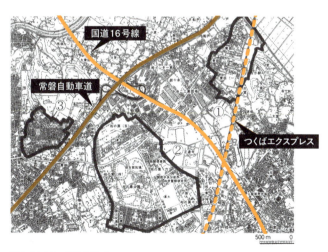

図3-2をもとに編集部作成

また、つくばエクスプレスよりも前に開通していたのが常磐自動車道です。常磐自動車道の開通は1981年ですので、図3-1（1975年）の時点では存在していませんでした。

　常磐自動車道の整備は、首都圏と東北地方を結ぶ新たな交通ルートの確保を目的として計画されました。この地域には常磐線などの鉄道路線や国道6号線などが存在していましたが、混雑や渋滞などが問題視されていました。そこで**物流の効率化や地域経済の活性化、災害時における輸送路の確保**を目的として建設されたのが常磐自動車道でした。

　これにより、東北地方と首都圏が結ばれ、複数の県をまたぐ広域経済圏が形成されると、常磐自動車道沿線ではインターチェンジ周辺に新しい商業施設や物流拠点が整備されていきました。本問で示された千葉県柏市だけでなく、茨城県つくば市や福島県いわき市などにも新興住宅地や工業団地が開発されていきました。

> **2の解答例**　高速道路の開通により首都圏を中心とする広域経済圏に組み込まれ、インターチェンジ周辺に商業施設や大型倉庫が建設された。（58字）

高齢化するニュータウン

　鉄道路線の整備によって交通の利便性が向上し、都市への人や物の流れが活性化することで地域経済の成長や人々の生活に大きく影響を与えます。**鉄道路線の整備による都市の発展は普遍的な現象です。**都市と郊外が鉄道によってつながり、人口分布が郊外にも広がることで住環境が整備されるようになります。

　また、鉄道駅を中心に商業や産業が集積することで、駅周辺が

地域経済の中核として成長し、さらに都市間の移動が活発化することで広域経済圏が形成されます。かつて宿場町が交通と経済の拠点でしたが、明治時代になって鉄道が敷設されるようになると宿場町が衰退し、鉄道沿線に商業や産業が集積するようになりました。

鉄道のもつ都市開発への誘発効果は、現代の持続可能な都市開発の基盤としても重要です。

これをシミュレーションできるのが「A列車で行こう」というゲームです。このゲームは、プレイヤーが鉄道を敷設して町の発展を促し、経済を活性化させながら都市を成長させていきます。「都市開発」をテーマにしたシミュレーションゲームとしては先にご紹介した「Cities:Skylines」なども有名です。ただ、街づくりゲームをプレイすると、ただただ時間が溶けていき、執筆する時間がなくなって、編集者に「原稿はまだか!?」と催促される未来が待っています。

つくばエクスプレス（TX）の開業は鉄道と都市発展の普遍的な関係性を示しています。つくばエクスプレスは、首都圏と茨城県つくば市を結ぶ路線として2005年に開業しました。その背景には、茨城県南部や千葉県北西部から東京都心への通勤需要の増加と、既存の交通手段では対応できない混雑の解消が求められていたことが挙げられます。

また、筑波研究学園都市へのアクセス向上もTX開業の大きな目的の一つでした。この構想は1960年代から国や自治体によって進められ、最終的に「首都圏新都市鉄道株式会社」が設立され、地域と民間の協力のもと実現に至りました。

つくばエクスプレスの開業は、通勤・通学者にとって利便性を飛躍的に向上させました。つくば市から東京までのアクセス時間が大幅に短縮され、茨城県や千葉県の沿線地域は人口増加と経済活性

化の恩恵を受けました。さらに、筑波研究学園都市へのアクセスが改善されたことで、研究機関や企業にとっても新たな人材や資源が流入し、地域の産業と学術が発展する基盤となりました。

実際に、つくばエクスプレスが通過する野田市と流山市の生産年齢人口割合は1995年をピークに減少傾向にありましたが、つくばエクスプレスの開業から15年ほどでその割合が下げ止まりを見せています。

つくばエクスプレスの開業によって沿線地域には新たな人流が形成され、柏の葉キャンパスや流山おおたかの森といった新興住宅地が開発されました。職住近接を目指した街づくりが進められ、住環境と都市機能が一体化した地域が誕生し、首都圏の住宅不足を緩和する役割も果たしています。こうした開発は、つくばエクスプレスが**地域経済や住環境の改善にとどまらず、都市圏全体のバランスを取るためのインフラとしても機能している**ことを示しています。

3 図3-3は、2010年、2015年、2020年におけるX市内のA地区、B地区、C地区の年齢階層別人口構成の変化を示したものである。A地区、B地区、C地区は、図3-2に太枠で示した地区①、②、③のいずれに該当するか、A-○のように答えよ。

図3-3 X市の統計書による。

（3）の問題は柏市内の3つの地区の年齢階層別人口構成の変化を答えさせる問題です。まず目に付くのはC地区です。生産年齢人口割合が圧倒的多数となっていますね。2010年の段階ですでに高いことから、2005年に開業したつくばエクスプレスの影響から沿線に発展した新興住宅地であることがわかります。よって①がCに該当します。

次にB地区を見ると、2010年から2020年にかけて老年人口割合が上昇していることがわかります。1970年代に都市の郊外化が見られた地域では、2000年代になると、「高齢化するニュータウン」が深刻な現象として取り上げられるようになり、各自治体で対策が求められるようになりました。図3-2では見えませんが、③の西側には東武野田線江戸川台駅が存在していて、同駅の開業が1958年ですので、かなり早い段階から新興住宅地となっていました。まさしく「高齢化するニュータウン」が顕著な地域と考えられます。

図3-2中の②では1990年代初頭にはすでに住宅地として整備されていたこともあり、この時に流入した住民の高齢化が進行していることが考えられます。基本的にニュータウンでは、時代が経るにつれて住民の高齢化が同時進行する傾向にあります。一方で、子育て世代をターゲットとした住宅や施設の整備が進んでおり、住環境としての魅力が高まっていることもあり、幼年人口割合が上昇傾向にあります。つまり、高齢者と子育て世代が多く生活していることが考えられます。

3 の解答例　A－②　B－③　C－①

スマートシティという可能性

> **4** 下線部(3)に関して、こうした新たな動きの特徴として考えられることを、以下の語句をすべて用いて、3行以内で述べよ。
> 情報通信技術　新規創業　高齢化社会

流山市と柏市では、21世紀の都市開発においてそれぞれ特色のある取り組みが進んでいます。

まず、野田市の隣に位置する流山市の人口ピラミッドを見ると、1995年当時は第一次ベビーブーム世代（団塊世代、1947～1949年生まれ）と第二次ベビーブーム世代（1971～1974年生まれ）が大きな割合を示しています。

しかし2020年になると、確かに年齢を重ねた第二次ベビーブーム世代の割合が高いのですが、30代と0～9歳の割合も高くなっています。つまり新興住宅地として多くの若年層が流入し、そして子供を儲けていることがわかります。1970年代に東京西部で見られた「都市の郊外化」と同様の現象が、21世紀になって流山市で起きているということです。

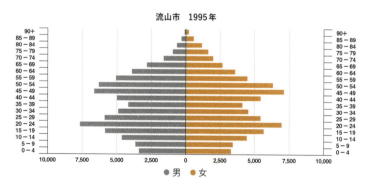

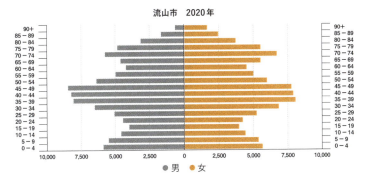

しかし、1970年代の都市郊外は「寝に帰る場所」、つまり住宅衛星都市（ベッドタウン）の性格が強かったといえますが、流山市は「母になるなら、流山市。父になるなら、流山市。」というキャッチフレーズを掲げ、**子育て世代をターゲットにした施設や住環境の整備**に尽力しました。

流山市では、単なるベッドタウンにとどまらず、都心との連携を意識した新しい都市機能が育まれています。つくばエクスプレスの開業によって東京都心までのアクセスが向上し、流山市は東京とつながる広域経済圏の一部としても成長を遂げています。こうした環境は、都市への依存度が高いだけの住宅地ではなく、職住近接や地域での生活の充実を目指す都市開発のモデルとなっています。

また、流山市では持続可能な都市づくりが進められ、環境に配慮した開発やスマートシティ化への取り組みが行われています。歩行者優先の街づくりや公共交通の利便性向上、さらには緑地の保護など、自然と調和した生活環境を実現するための施策が整えられています。これにより、これまでの車中心の郊外開発とは異なる、環境に配慮した**「21世紀版都市の郊外化」**が実現されています。

さらに、近年のリモートワークの普及により、流山市は都心に近接しながらも、自然豊かな環境で快適に仕事ができるエリアとして

注目されています。デジタル技術の進展によって、都心への物理的な通勤だけでなく、自宅での仕事が可能になり、流山市は新しい生活様式に対応した郊外として、多様な住民のニーズに応える都市となっているわけです。

このように流山市は、従来の郊外都市の役割を超え、サステナビリティ（持続可能性）やデジタル化を取り入れた「21世紀版都市の郊外化」を象徴する存在として、時代に即した都市発展のモデルケースを提供しています。

つくばエクスプレスの開業により、交通インフラの改善、職住近接の実現、商業や産業の集積、広域経済圏の形成、都市開発の誘発といった鉄道による発展の普遍的な要素が地域に具体的な形でもたらされました。

産業構造を変えるのは、交通網だけではありません。 近年では、情報通信技術の発展によって、サービス経済化がさらに進み、産業構造が大きく変わり始めています。

一方、柏市では、**従来の産業構造から脱却し、「スマートシティ」を目指す新しい街づくり**が進められています。この動きは、単なる産業拡大にとどまらず、環境負荷の低減や住みやすさの向上、さらには地域社会の活性化にもつながっています。こうした柏市の新たな街づくりの特徴として、ICTの活用や産学連携、職住近接のライフスタイル、そしてサステナビリティなどが挙げられます。

まず、柏市のスマートシティづくりの中心にあるのが、情報通信技術（ICT）の活用です。ICTを導入することで、エネルギー管理や交通、住民サービスの効率化が図られています。例えば、電力の消費や水道使用量などをリアルタイムで管理することが可能になり、資源の無駄を削減する仕組みが構築されています。このように、

ICTの活用は都市運営の効率化だけでなく、持続可能な資源利用の観点からも効果的であり、新しい都市の形として注目されています。

　次に、柏市の街づくりにおいて重要な役割を果たしているのが、東京大学や千葉大学などと連携した産学連携です。柏市には東京大学柏キャンパスや千葉大学柏の葉キャンパスが立地しており、これらの大学と地域が協力して先端技術の研究や実証実験が行われています。バイオテクノロジーや再生医療、環境技術などの分野での共同研究が進み、地域産業にも新しい知見や技術がもたらされています。

　こうした産学連携の取り組みにより、柏市は従来の工業都市から知識と技術を基盤とした「イノベーション都市」へと変革を遂げつつあるといえます。大学がもつ研究リソースを地域に還元することで、地元産業の競争力が向上し、柏市全体の経済活性化にもつながっていくことが狙いです。

　また、柏市では<u>「職住近接」のライフスタイルを目指した街づくり</u>が進められています。柏の葉キャンパスエリアでは、住む場所と働く場所が近接する形で都市計画が行われており、オフィスや商業施設が住宅エリアのすぐ近くに整備されています。これにより、通勤時間が短縮され、住民は仕事と生活のバランスを取りやすい環境が提供されています。

　「職住近接」といえば、およそ120年前にイギリスのエベネザー・ハワードが提唱したものです。主著『Garden Cities of To-morrow（明日の田園都市）』にて彼が提唱したのは「田園風景に囲まれた都市」でした。「Garden Cities」は日本では「田園都市」と訳され、1918年に渋沢栄一が田園都市株式会社を設立して、洗足田園都市を開発しました。

そして地域住民の足となる交通網として鉄道事業も経営しました。この会社が後の東急電鉄や東急不動産の母体となっていきます。東急電鉄に「東急田園都市線」が存在するのも合点がいく話です。しかし、結局日本においては都市の郊外化が進んだことで職住近接の街づくりは実現できませんでした。

　柏市が進めるスマートシティ構想では、長時間の通勤から解放されることで、家族や地域社会とのつながりを深める機会が増えるだけでなく、通勤にともなうエネルギー消費の削減や環境負荷の軽減にも寄与しています。こうした取り組みは、生活の利便性向上と環境への配慮を両立させる新しい都市のモデルとして注目されています。

　また、サステナビリティの観点も強く反映されています。再生可能エネルギーの利用促進や、緑地保護、公共交通の充実といった施策が積極的に行われており、環境にやさしい街づくりが進行中です。

　柏市のスマートシティ構想は、**ICTの活用、産学連携、職住近接、そしてサステナビリティ**といった多面的な要素が融合しています。これにより、柏市は従来の産業構造から脱却し、環境にもやさしく、住民が快適に生活できる新しい都市のモデルへと進化しています。

> **4の解答例** 情報通信技術を活用した新規創業やサービス経済化の促進を通じ、都市インフラの効率化を図り、高齢化社会の課題を解決しながら、地域住民の生活の質を向上させる持続可能な成長を目指す。（87字）

3-4

「くだもの」から見えてくる社会と経済

（2022年度第3問設問B）

設問B　日本の果樹生産は、様々な社会経済的事象に影響を受け、戦後から現在にかけて変化してきた。表3-1は、果樹5種の2018年の都道府県別収穫量を、上位5都道府県に絞り示している。また、図3-4はみかんとりんごの1960年から2018年までの作付面積の推移を表す。図3-5と図3-6は、みかんとりんごそれぞれについて、1990年から2018年までの輸出量と輸出先を示している。

順位	みかん		りんご		なし	
1	ア	155,600	青森	445,550	ウ	30,400
2	静岡	114,500	イ	142,200	茨城	23,800
3	愛媛	113,500	岩手	47,300	栃木	20,400
4	熊本	90,400	山形	41,300	福島	17,100
5	長崎	49,700	福島	25,700	鳥取	15,900

順位	うめ		ブルーベリー	
1	ア	73,200	東京	384
2	群馬	5,740	群馬	271
3	三重	2,090	イ	259
4	神奈川	1,810	茨城	240
5	イ	1,770	ウ	105

表3-1 単位：トン
果樹生産出荷統計（みかん、りんご、なし、うめ）および特産果樹生産動態調査（ブルーベリー）による。

> **1** 表3-1のア～ウに該当する県名を、それぞれ、ア－〇のように答えよ。

「ご当地ゆるキャラ」の流行

表3－1に示された果樹は、「みかん」「りんご」「なし」「うめ」「ブルーベリー」の5つです。

ひょっとすると、愛媛の「みきゃん」や和歌山県の「うめっぴ」、千葉県の「ふなっしー」などのキャラをヒントに問題を解いた受験生がいたかもしれません。これらは日本ご当地キャラクター協会のウェブサイトに掲載されているものですが、実は青森県にはりんごをモチーフにしたキャラは存在しません。その代わり（?）、「つゆヤキソバン」という青森県黒石市の「つゆやきそば」をモチーフにしたキャラが存在していて、ご当地キャラは各都道府県に1つというわけではなく、各市町村単位でも存在しています。ちなみに、「2011年ゆるきゃらグランプリ王者」のくまモンは、熊本県PRマスコットキャラクターではありますが、日本ご当地キャラクター協会に登録はありません。

「ご当地キャラ」「ゆるキャラ」などありますが、結構あいまいです。

とはいえ、「みかんといえば愛媛でしょ!」「りんごは青森! 次いで長野!」「やっぱり和歌山はうめ!」といった具合に、東大受験者に限らず小学校の社会で習った知識で解けてしまうのではないでしょうか。もちろん、それを覚えているかどうかはまた別問題です。

> **1の解答例** ア－和歌山　イ－長野　ウ－千葉

日本各地の果樹生産

　一般に「みかん」といえば温州みかんを指します。みかんは、かんきつ類の中でも最も収穫量が多く、日本の代表的な果樹として親しまれています。原産地はインドであり、中国浙江省にある温州市から伝わったとする説がありますが、実際は、中国浙江省にある「台州市」から伝わったかんきつ類の「早キツ」や「マンキツ」の種子から偶発的に発生したものとされています。偶発的に発生したのが鹿児島県出水郡長島町であり、同町がみかんの原産地とされています。

　みかんは温暖な気候を好むため、関東以西で栽培が盛んです。年平均気温が15℃から18℃、最低気温が−5℃にならない程度が生育条件として挙げられ、水はけがよい土壌を好むことから扇状地の中央部分（扇央）で栽培されることがよくあります。扇央は砂礫が厚く堆積するので流れてくる河川が伏流し、水利に恵まれない乏水地となるため果樹栽培に適した土地です。豊水地であれば、必要以上に水分を吸い上げてしまい果実の甘みが薄まってしまいますから、果樹栽培は乏水地が好適というわけです。**和歌山県や静岡県、愛媛県などは、このような地の利を活かした果樹栽培が盛んです。**

　「みかんといえば愛媛！」という印象が強いと思いますが、それもそのはずでe-Statの統計によると都道府県別収穫量は掲載されている1973年から2003年まで長らく愛媛県が日本一でしたので、やっぱり「みかんといえば愛媛」です。愛媛といえば、えひめ飲料が販売している「ポンジュース」が有名です。ちなみに「ポン」の由来は諸説あるそうですが、「ニッポン（日本）」の「ポン」から名付けられたといいます。

そして2004年から現在に至るまで、生産量日本一を誇るのが和歌山県です。和歌山県といえば、日本を代表する「有田みかん」が有名です。和歌山県のみかん栽培について、紀州みかんの初期の歴史について書かれた『紀州蜜柑傳来記』には、1574年に伊藤孫右衛門が肥後国八代（現在の熊本県八代市）から苗木を持ち込んだのが最初といわれています。その時に持ち込まれたのが有田郡宮原組糸我庄中番村、現在の有田市糸我町中番です。

有田市は山がちな地形が広がり、山地斜面は入射角が大きくなって日当たりが良く、また温暖な気候と合わせてみかん栽培に適していたと考えられます。

つまり、山という山がみかん畑となっているわけですね。有田市は三方を山に囲まれるため雨雲が遮られ、紀伊半島の中では比較的降水量が少ない地域です。だからこそそのみかん栽培なのでしょうね。また紀伊半島は台風の通り道となりがちですが、山に囲まれているおかげで比較的風が弱いようです。

ここで「当時の地理学」で考えてみましょう。

和歌山県におけるみかんの伝来と栽培は1574年から始まったとされ、紀州みかんの栽培は周辺地域へと広がりながら、大坂（当時）や堺、伏見といった商業地へと出荷されていました。つまり、紀州（当時）は大市場へのみかんの供給地である都市農村としての役割を担っていたと考えられます。紀伊国と摂津国を結ぶ紀伊街道を利用した陸上輸送、和歌山港や加太港などから紀伊水道を利用した水上輸送などによって大坂に運ばれていました。

また、『南紀徳川史』によると、1634年からは江戸にも出荷されていたようで、その収益は紀州藩の財源にもなりました。単なる生産地にとどまらず、大都市を支える農産物供給地としての性格を有していたと考えられます。

有田みかんの栽培には、傾斜地に石垣を積み重ねて階段状にする段々畑が知られています。石垣を積むことで作業がしやすい平坦な植栽面を確保し、作業効率の向上と安全を守る役割を果たします。また石垣に日光が反射することで太陽光が効率良くみかんの樹にあたり、「太陽の恵み」をいっぱいに浴びてみかんの糖度を高めています。石垣には、先人たちの努力による「知恵」がたくさん詰まっているわけですね。

　次にりんごです。りんごは「ふじ」「つがる」「シナノゴールド」「王林」「おぜの紅」などおよそ2000種もの品種があります。「ふじ」は甘味が強くシャキシャキとした食感が特徴をもち、生食や贈答品として広く親しまれ、日本国内のりんご市場の主力となっています。「つがる」は酸味が少なく、爽やかな甘味が楽しめる品種で、晩夏から秋にかけて収穫されるため、早い時期からりんごを楽しみたい人に人気です。

　りんごは世界で古くから栽培されており、原産地は中央アジアから西アジアにかけての寒冷地で、平安時代以降に中国から日本に伝わってきたとされます。都道府県別生産量では、青森県が日本全体のおよそ6割を占め、長年日本一の生産地として知られています。続いて長野県です。寒暖差が大きい気候が栽培に適していて、基本的に冷涼な地域が主産地です。温暖な地域で栽培が盛んなみかんとは異なり、気候条件の違いが見てとれます。

　青森のりんごといえば、1991年に発生した台風19号による挿話がよく知られています。
　台風は潜熱をエネルギー源としており、この場合は水が蒸発して水蒸気になるさいに吸収され、水蒸気が凝結して水滴に戻るさいに放出される熱のことです。そのため、台風などの熱帯低気圧は蒸発量の多い熱帯の海域で発生します。このことからも分かるように、

暖かい海域から離れ、蒸発量の少ない東北地方から北海道の周辺の冷涼な海域に近づくと、水蒸気の供給が減少するため、台風は急速に勢力を弱めます。

つまり青森県付近を台風が襲うことは珍しいわけですが、1991年の台風19号は北海道に上陸して、その後オホーツク海へ進むほどに勢力を保ったまま日本列島を縦断しました。青森県では、この台風によって多くのりんごが落果する大被害を受けましたが、強風にも耐えて枝に残った「落ちなかったりんご」がありました。このりんごは「縁起が良い」として特別に桐箱に入れて販売され、特に「試験に落ちない」との験担ぎから大学受験生に大人気となりました。

この挿話は、逆境に負けない青森のりんごとして、今も多くの人々の記憶に残っています。この台風が「りんご台風」と呼ばれているのは、このような背景があったからです。

りんごにはビタミンC、食物繊維、ポリフェノールなどが豊富に含まれ、「身体に良い」と注目されています。ビタミンCは免疫力の向上や美肌効果が期待され、食物繊維は腸内環境を整える役割を果たします。さらに、ポリフェノールには抗酸化作用があり、体の老化防止にもつながるとされています。

なしもりんごと同様、「幸水」「豊水」「新高」「二十世紀」など多くの品種が存在します。千葉県や茨城県などでは幸水や豊水、鳥取県では二十世紀の生産がそれぞれ盛んです。余談ですが、千葉県といえば、けたたましい声を上げ、歌って踊る「ふなっしー」が有名です。実は本人が望んでいないということもあって、ふなっしーは千葉県船橋市「非公認」キャラとなっています。

なしの原産地は中国で、弥生時代に稲作と同時に日本に伝わったといわれます。日本で栽培されるなしは、気温が適度に低く、寒暖差がある環境を好む品種です。そのため、年平均気温は12℃か

ら15℃くらいが生育によく、水はけのよい土壌を好みます。

「二十世紀」は、1888年に千葉県八柱村（現・松戸市）で、当時13歳の松戸覚之助によって発見されました。もともとごみ溜めに自生していた幼木を移植し、枯らすことなく10年もの間丹精込めて育て、ついに1898年に実がなりました。覚之助はこれに「新太白」と名付けました。1904年には「二十世紀」と改名され、全国で栽培されるようになりました。現在の生産量は「幸水」「豊水」に次ぎますが、両品種は二十世紀の子孫です。覚之助が育てた原木は太平洋戦争の空襲で枯れてしまいましたが、松戸市には特別展示室があり、覚之助の偉業が今も伝えられています。

「うめといえば紀州！」というように、和歌山県の南高梅は地域ブランドとして有名で、みなべ町が発祥の地です。和歌山県の収穫量は日本全体の収穫量の6割を超えており、他の都道府県と比べて圧倒的な多さです。紀州とは江戸時代に和歌山県や三重県の一部を領域としていた藩です。梅もまた中国から入ってきたといわれ、奈良時代以降、花として注目を集めて様々な歌に詠まれました。鎌倉時代頃から食べられ、戦国時代には武将らが戦場に携帯していたといわれています。

うめが和歌山県で多く収穫されるようになったのは江戸時代からです。紀州藩では、稲作のできないやせ地が多かったために、生命力の強いうめの栽培が奨励されたことに始まります。生産者の懸命な工夫もあって、高品質で美味しい果実が実るようになり、これで梅干しを作ったところ、江戸の庶民に大人気の保存食となっていきます。

うめの収穫は6月初旬から始まることもあって、この時期の長雨を「梅雨」と呼ぶようになりました。また、梅の花の終わりは「こぼれる」といい、「散る」と表現する桜とは異なります。このように花ごとに終わりを表現する言葉が異なるというのも、日本人の美的感覚を表していて実に素敵です。

181

東京都でブルーベリーの収穫が盛んな理由

最後にブルーベリーです。これはジャムやお菓子などでもおなじみの果実ですね。目の疲労に効くともいわれ、その効果を目的に摂取している人もいるのではないでしょうか（実際にどれくらい効くかは証明されていないみたいです）。食物繊維が他の果樹より多く、体内の調子を整えてくれるとのことです。

設問にある表をみても分かるように、日本での生産量は多くありません。ブルーベリーの主産国はアメリカ合衆国であり、生産量はおよそ30万トンに及びます。原産地はアメリカ合衆国からカナダにかけての地域で、もともと野生種だったものを品種改良して現在に至ります。日本での栽培は1960年代に東京都で始まったといいます。しかし、規模としては長野県が最も大きく、1980年代から都道府県別収穫量が30年以上連続で1位でした。出荷量は現在も長野県の方が東京都より多いのですが、2015年から現在に至るまで東京都が都道府県別収穫量で1位になっています。「収穫量は東京都の方が多く、出荷量は長野県の方が多い」、これは一体どういうことなのでしょうか？

このことについて言及したのが、（2）の問題でした。

> **2** 表3-1によれば、ブルーベリーの収穫量第1位は東京都である。東京都でブルーベリーの栽培が盛んな理由を1行で説明せよ。

答えは、「東京都内でブルーベリーの観光農園が多くなっているから」です。

東京都で収穫量が多い理由の一つに、**都市農業としての観光農園の発展**があります。東京都内ではブルーベリー観光農園が増加しており、観光客が果実を摘み取る体験を楽しむ形で、レジャーとしても親しまれています。ブルーベリーの収穫量は多いものの、観光農園内で多くが消費されるため、他の果樹のように大規模な出荷はみられません。

　また、ブルーベリーは傷みやすく日持ちがしにくいため、農家にとっては都市内での摘み取り体験を重視した経営は効率的で、さらに収益性を高めることができます。

　東京都練馬区は、特に近年、観光農園としてのブルーベリー栽培が盛んです。練馬区は東京23区内でも農地が多く、露地野菜の生産が中心でしたが、近年ではブルーベリーの観光農園が増え、地域に活気が生まれています。キャベツやダイコンなどの野菜栽培が主だった時代を経て、地元農家が観光農園の可能性を模索し、そこでブルーベリーを選好しました。

　観光農園ではファミリー層や観光客を迎え、ブルーベリーの摘み取りを通じた農業体験や教育的なプログラムも提供されています。研究会を立ち上げてブルーベリーの観光農園を経営したところ、仲間がどんどん増えていったとのことで、ブルーベリーは都市近郊で親しまれる新たなレジャー要素となり、都市農業の可能性を広げているのです。

　農業や農村は、穀物や野菜など、我々の食料を生産するだけではなく、生態系の保全、洪水・土砂崩れの防止、良好な景観の形成、伝統文化の継承など多くの機能を持ち合わせています。この観点は大変重要であり、これを「農業・農村の多面的機能」といいます。ここで述べた、農園で心のやすらぎを得ることや体験学習なども多面的機能に含まれます。緑豊かな自然や美しい景観を楽しむグリー

ンツーリズムにも通ずる活動です。このような体験が大都市の中や
近くで気軽にできるのはありがたいものです。

> **2の解答例** 高い鮮度を保ちやすく、高収益が見込める観光
> 農園が多いため。（29字）

みかんの「特異な動き」の原因

> **3** 図3-4をみると、みかん、りんごともに現在の作付面積は
> 1960年比で減少しているが、その推移は両者で異なっていることが読
> みとれる。みかんの作付面積が一旦大きく増加しその後減少した理由
> を、以下の語句をすべて使用し、3行以内で説明せよ。
>
> 　政策　需要　生産調整

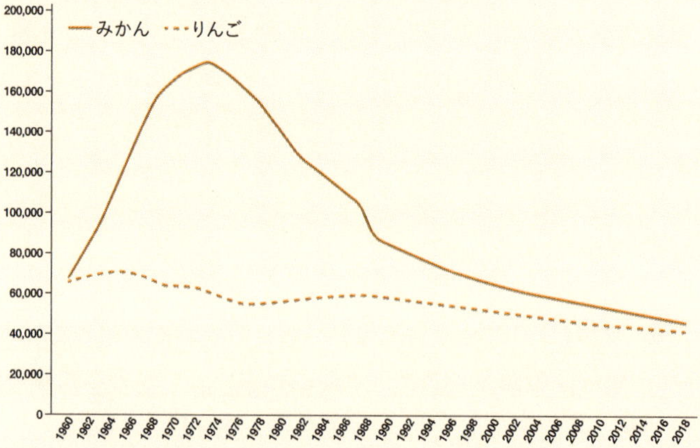

図3-4 単位：ヘクタール
　　　耕地及び作付け面積統計による。

図3-4より、みかんの作付面積は1960年から1974年にかけて増加した後、1990年くらいまで急減し、その後は微減傾向にあります。一方のりんごは、図で確認できる期間を通して微減傾向にあり、みかんのように急増、急減はみられません。ぶどう、もも、なしなど他の果実もりんごと同様、この期間における作付面積は横ばいもしくは微減が長く続いているのですが、みかんだけが他の作物とは異なった動きをしています。

　さて、このようなみかんの特異な動きの要因は、一体どこにあるのでしょうか?

　果物は第二次世界大戦中や戦後の食料不足の時代には高級品とされていました。戦後、桑畑が果樹園に転換されるなどして果樹の作付面積が増加し、甲府盆地ではぶどう、長野盆地ではりんごといった地域ごとの特産果物が各地で栽培されるようになりました。

　高度経済成長期になると、**都市的な産業が急成長したこともあり、農業とのバランスをとることが求められた**ため、政府が農業振興策を推進しました。その一つが、1961年に制定された農業基本法です。この時期は国民の所得が上がり、果物への需要が高まっていきました。また、1970年からは米の生産調整にともなう減反政策により、収益性の高い果樹栽培に転換される例が増えていきました。
　さらには、モータリゼーションの進展に合わせて道路網や輸送インフラが整備されると時間距離が短縮され、和歌山県や愛媛県、静岡県などのみかん生産地から都市部への大量輸送が可能となり、供給体制が強化されました。流通の効率化は都市農村としての役割を強め、みかんの作付面積が増加していきます。

　そんな中、1972年になると温州みかんは大豊作となって、さらに

作付面積が増加します。「大豊作」といえば喜ばしいことですが、需給バランスを崩すこととなり、栽培農家にしてみれば「供給過多による価格の下落」に繋がります。大量に収穫できると、価格低下を防ぐために、敢えて廃棄処分する必要が出てくるわけです。

　一生懸命に栽培しても、収穫したみかんを廃棄するのは精神的につらいものがありますし、儲けがでないのであればみかん栽培を控えるようになっていきます。また1970年代になると、バナナやオレンジなどの安価な輸入果実との競争が生まれ、みかんの需要が減少していきました。さらに、生産者の高齢化や後継者不足もあって、温州みかんの作付面積はみるみるうちに減っていきました。

　しかし生産者の高齢化や後継者不足は、みかんに限らずりんごであれ何であれ、どの果実に関しても当てはまります。もっといえば、それは現在の日本の第一次産業にとって大きな課題です。

　その一つの解決策が、先ほど述べたような観光農園でもあります。農業の多面的機能を利用して、娯楽や教育なども含めて、多くの人々に満足感を与える産業に昇華させました。今風にいうと、「農業のアップデート」です。また近年は、農業の六次産業化が積極的に進められています。これは農業を一次産業としてだけではなく、加工や販売など二次産業や三次産業と一体化させて新たな価値を創出する取り組みです。「六」というのは、「1×2×3」を表し、農業の可能性を広げ、地域経済の活性化に貢献することを目指しています。例えば、地元で採れた果実を使ったジャムやジュースの製造・販売や、地域の食材を活かした加工品の開発なども六次産業化の一環です。加工や販売までを行うことで付加価値が高まるため、収益性が高まり、若い世代が農業に関わりやすくなることから、後継者不足の解消にも一役買うと期待されています。やはり「地方創生」とは、そこに若者が定住し、高い水準の教育機会が提供されて初めて実現できることです。

そして、1963年のバナナの輸入自由化、1991年のオレンジの輸入自由化なども加わり、みかんだけでなく、りんごも中長期的に需要が減少傾向にあり、国内産果実は大きな影響を受けました。

3の解答例 高度経済成長期のみかん需要の増加に合わせて作付面積が急増したが、生産過剰による需給バランスを調整するための生産調整や輸入自由化政策などにより需要が減退すると、作付面積は減少した。（89字）

近年、りんごの輸出量が増加している

4 図3-5と図3-6の輸出量をみると、みかんについては減少傾向である一方、りんごは増加傾向にある。りんごの輸出量が増加している理由として図3-6から考えられることを、2行以内で説明せよ。

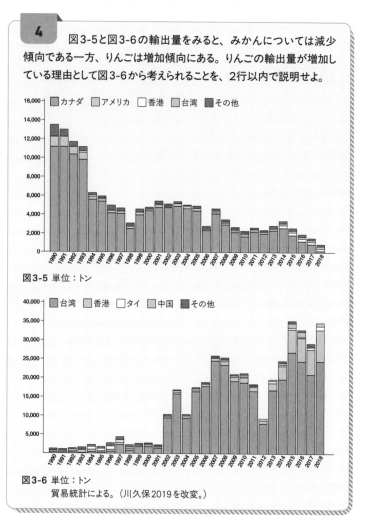

図3-5 単位：トン

図3-6 単位：トン
貿易統計による。(川久保2019を改変。)

まず図3-5、図3-6から読み取れることを挙げてみましょう。みか

んの輸出（図3-5）について、1970年代前半と1980年代前半に大きく伸びたものの、1990年代になると減少傾向に転じました。1990年代半ばに半減すると、それ以降緩く減少傾向が続いています。一方のりんごの輸出（図3-6）について、2001年まではほぼ横ばいでしたが、2002年以降に急増しています。

みかんの輸出先の中心はカナダでした。クリスマスに大切な人にみかんを贈る風習を「クリスマスオレンジ」といい、カナダで始まった文化です。「オレンジ」とは言いながらも、日本から輸入されたみかんのことを指しています。カナダは、国土のほとんどが北緯50度以北に位置して寒冷な気候下にあるため、果実栽培が難しい環境にあります。そのため、日本から輸入されたみかんを食べることが、「ブーム」となってクリスマスオレンジという風習が生まれたといいます。

しかし、「縁起物」の需要が年末に限定されていること、円高の進行により高価な日本産よりも、より安価な中国産や韓国産の需要が高まったことなどから、みかんの対カナダ輸出が減少していきました。

では、なぜ他の果実と同様に、経済成長が著しい東・東南アジア市場を輸出先としないのでしょうか。これは、みかんには他の果実よりも厳しい植物検疫や輸入基準が課されており、簡単に輸出を広げられないのが実情のようです。香港やシンガポールでは比較的緩和されていますが、ほかの地域では日本産みかんが受け入れられる環境は限られています。**この規制の壁は、日本産みかんの輸出拡大において大きな課題となっています。**

みかんの輸出では、見た目よりも糖度などの品質が重視されますが、この品質管理が一筋縄ではいきません。みかんは気候や土壌の影響を受けやすく、輸出に適した安定した品質を保つためには、生産者が丹念に管理する必要があります。さらに、糖度を保ちつ

つ鮮度も維持するためには、収穫・輸送の技術向上が求められます。

　続いて、りんごです。**りんごの輸出は、2002年以降、特に台湾を中心に急増しており、香港や中国への輸出も伸びています。**これは、東・東南アジア地域の経済成長により、高品質で高価格な日本の果物が受け入れられる市場が拡大したためです。所得水準が低い段階では主食の穀物中心の食事が多いものの、所得が向上すると、肉類や乳製品、油脂類、野菜、果物といった多様な食材が好まれるようになります。

　また、**貿易の自由化もりんご輸出において重要な背景の一つ**です。自由貿易が進むと、安価な農産物の輸入が増加し、日本国内の農業の衰退や食料自給率の低下が懸念されることもありますが、自由貿易がりんご輸出にとって追い風となっている側面もあります。

　特に台湾が輸出先の大半を占めているのは、台湾が2002年にWTOに加盟したことが大きいと考えられ、青森県のりんご農家は台湾向け輸出の拡大に向けてさまざまな取り組みを行っています。具体的には、品質管理の徹底、糖度や見た目の基準をクリアする果実の厳選、輸送中の鮮度保持対策を強化し、台湾市場での信頼と需要を高める努力が続けられています。さらに、台湾での販促イベントや、現地消費者に対する「日本産りんご」の認知拡大にも力を入れ、ブランド価値を高める施策を積極的に展開しています。

　しかし、2011年の東日本大震災による放射能問題を受け、台湾市場では青森産りんごにも風評被害が広がりました。これにより2012年の輸出量は一時的に減少しましたが、農家や行政による安全性の訴求と品質保証の取り組みにより、徐々に回復を見せ、現在では輸出の再拡大が図られています。

　こうした国際社会の潮流やさまざまな取り組みによって、日本の

農業も変化しています。日本の農業がこれからも元気であり続けることを期待したいですね。

> **4の解答例** 近年の経済成長にてりんご需要が高まったが、アジア諸国は温暖な気候下での栽培が困難であるため日本産りんごを指向したから。（59字）

25年前にタイムスリップ！世界はどう変わったか

第 4 章

4-1

世界と日本の貿易は、どう変わってきたか

（1998年度第2問設問A）

設問 A　　一般に、経済規模の大きい国ほど貿易依存度は低いといわれることがある。第1表は、これについて考えるために、10カ国を選んで経済規模（国民総生産）の大きい順に並べ、貿易依存度（国民総生産に対する輸出額・輸入額の比率）を比較したものである。この表を見ると、経済規模の大きいアメリカ合衆国・日本の貿易依存度は低いといえるが、他の国では、経済規模と貿易依存度との関係はさまざまである。この表に関する次の小問（1）（2）に答えよ。

	貿易依存度（%）		国民総生産（10億ドル）
	輸出	輸入	
アメリカ合衆国	7.6	10.2	6,737
日本	9.2	6.4	4,321
ドイツ	20.6	18.4	2,075
フランス	17.4	17.0	1,355
中国	19.0	18.2	630
カナダ	29.0	27.2	570
ブラジル	8.1	6.7	536
オランダ	43.3	38.8	338
オーストラリア	14.8	16.7	321
アルゼンチン	5.7	7.8	276

第1表 統計年次は1994年。中国には香港・台湾を含まない。
（『世界国勢図会』による。）

経済規模と貿易依存度

第4章からは趣向を変えて筆を進めます。

およそ四半世紀前に東京大学前期試験の地理で出題された問題を取り上げ、**「過去」を振り返り、「現在」と比較し、「未来」を読んでいきたいと思います。**

さて、「経済規模の大きい国ほど貿易依存度は低い」とよくいわれますが、この現象の背景には、各国の経済の成り立ちや構造が関わっています。**貿易依存度**とは、**ある国の経済がどの程度他国との貿易に依存しているかを示す指標**であり、出題された1998年当時は「国民総生産（GNP）」を用いていましたが、現在では**国内総生産（GDP）に対する輸出と輸入の合計額の割合**で計算されます。

例えば、シンガポールのような小さな国は、限られた国内市場と資源を補うために積極的に貿易を行っており、そのため貿易依存度が非常に高くなります。一方、アメリカ合衆国のような経済規模の大きい国は、国内市場が大規模で高度に産業が発達しているため、比較的低い貿易依存度で経済が成り立っています。

喩えていうならば、**経済規模の大きい国は「大きな自給自足の村」**です。この村では、農業や工業が発展し、ほとんどの生活必需品が村の中で生産されています。そのため、村人たちは他の村との物資交換にあまり頼らなくても生活が成り立ち、経済的な自立が確保されています。こうした村では、他の村の影響を受けにくいため、外部の変動があっても自分たちの暮らしに大きな影響が出にくいわけです。例えば、食料や日用雑貨品をすべて村内で調達できるとすれば、他の村からの供給が途絶えたとしても、特に問題なく生活が維持できます。

これに対して、**経済規模の小さい国は「資源が限られた小さな村」**に喩えることができます。この村では、生活に必要なものをすべて自給することが難しく、他の村からの物資供給が欠かせません。例えば、農産物が不足しているため、隣村からの食料供給に依存している場合、物流が止まると村の生活が大きな打撃を受ける可能性があります。このように小さな村では他の村からの安定的に入手可能な物資があってこそ生活の基盤を築けるわけで、つまり貿易に対する依存度が高くなります。

では、この「経済規模と貿易依存度の関係」は時代を経ても普遍的なものといえるかと問われれば、必ずしも普遍的とはいい切れません。現代世界では、時代の変化や技術の進展によって、経済規模が大きい国であっても貿易依存度が高まるケースが増えているのが現状です。

まず、**グローバル化の進展が経済構造に大きな影響を与えています**。物流手段の発展、インターネットの登場などによって、モノ、カネ、サービス、情報などの国境を越えたやり取りが以前に比べて格段に容易になりました。これにより、どんなに大きな経済規模を持つ国でも、他国からの輸入に頼る部分が増えています。要するに、各国が自国の強みを活かした特定の産業や製品に特化し、生産活動を分担することで、互いに貿易を通じて必要な財やサービスを補完し合う国際分業体制が深化しているということです。

例えば、アメリカ合衆国のような経済大国であっても、先進的な技術や特定の原材料を他国から輸入する必要があり、特定分野において貿易依存度が上がる場合があります。経済規模が大きいからといって、もはや完全な自給自足が可能なわけではなく、世界経済との連携が重要な要素となっています。

さらに、産業構造の変化も大きな影響を与えています。かつて製

造業が主力だった時代には、原材料と製品の流通が貿易の中心でしたが、現在ではデジタル技術の進展により、データやサービスが国境を越えてやり取りされることが一般的です。例えば、ソフトウェアや金融サービスといった産業分野は物理的な製品をともなわずに国外との取引が行われるため、大国であってもこれらの分野において貿易依存度が高くなることが増えています。このような新たな形態の貿易依存が生まれることで、時代に応じて貿易依存度の意味も変化していくわけです。

　加えて、環境問題や資源の問題も貿易依存度に影響を与える要因です。国際社会では、エネルギー問題や環境保全のために特定の資源や技術が他国から供給されることが一般的です。例えば石油や天然ガスといったエネルギー資源は特定の地域に偏っているので、大国であってもエネルギー供給においては輸入に依存することが多くなります。**日本やドイツのような国では、エネルギー自給率が低いため、安定的なエネルギー供給を求めて国際貿易に大きく依存しています。**ロシア産天然ガスの供給が途絶えたドイツが経済的・社会的混乱に陥り、代替供給地をアルジェリアに求めたように、どれほど経済が大きくても国内で賄えないものがある限り、貿易依存度がゼロになることはあり得ません。

　結論として、経済規模と貿易依存度の関係は確かに基本的な傾向として存在しますが、完全な普遍性を持つとは限りません。時代の変遷や技術の発展、国際関係の変化により、貿易依存度は変動します。「経済が大きな自給自足の村」であっても、他国の資源や技術を必要とする現代では、**グローバルなネットワークとの連携、二国間を結ぶルート上の安全確保**が欠かせない時代となっているわけです。

日本の貿易依存度

　本問では、経済規模と貿易依存度について出題されました。統計年が1994年でしたので、第1表の10か国の2022年統計表を新たに作成してみました。また、国民総生産は1994年比とその増加割合を追記しました。

	貿易依存度 (%)		国民総生産		
	輸出	輸入	(10億ドル)	1994年比 (増加割合 (%))	
アメリカ合衆国	7.5	11.4	25,744	+19,007	3.8
中国	17.9	14.5	17,963	+13,642	4.2
日本	17.1	18.2	4,232	+2,157	2.0
ドイツ	37.3	31.8	4,077	+2,722	3.0
フランス	22.8	25.7	2,775	+2,145	4.4
カナダ	26.8	26.9	2,138	+1,568	3.8
ブラジル	15.9	12.3	1,920	+1,384	3.6
オーストラリア	20.8	16.2	1,777	+1,439	5.3
オランダ	64.2	55.6	1,008	+687	3.1
アルゼンチン	9.9	10.8	631	+355	2.3

国連統計より

　これを見てまず目に付くのは、**1994年と比較して日本の国民総生産は2倍にしかなっていない**ということです。アルゼンチンを除けば、すべての国で国民総生産が3倍以上となっています。「失われた30年」はどこまで延びていくのでしょうか……。

　さて、表を見ると、やはり経済規模の大きい国ほど貿易依存度が低い傾向があります。

　アメリカ合衆国は輸出依存度が7.5%、輸入依存度が11.4%と、主要国の中で最も低い数値を示しています。1994年当時とほとんど数値が変わっていません。アメリカ合衆国に加えて、日本や中国、

ブラジルなどは、国内市場が大きいため、輸出入に対する依存度が低くなっています。

実は日本が「貿易立国」であるというのは正確ではなく、**依然として主たる経済は国内需要で成り立っている**といえます。とはいえ、1994年当時と比較すると輸出依存度が7.9ポイント、輸入依存度が11.8ポイントも上昇していますので、国際分業体制がより深化すること、今後の少子高齢化社会を背景に購買力の減退、国内市場の縮小で、この数値はさらに高まるかもしれません。

日本が貿易依存度を高めている背景として、**国際分業体制の深化、海外現地生産、自由貿易協定（FTA）や経済連携協定（EPA）の締結、国内市場の伸び悩み、原燃料の輸入増加**などが考えられます。

1990年代以降、グローバル化が進展することで、世界中で物やサービス、資本の流動性が高まり国際貿易が活発になりました。日本企業も同様に積極的に海外市場の取り込みを図り、輸出の増加にともない輸出依存度が上昇しました。同時に、他国からの製品や資源の輸入が増え、輸入依存度が上昇しました。特に中国をはじめとするアジア諸国に部品（半製品）を輸出し、安価で豊富な労働力を活用して生産した工業製品を輸入するといった国際分業が拡大しています。

また、日本は2002年のシンガポールとの経済連携協定（EPA）の発効以来、多くの国や地域と経済連携協定を拡大させてきました。外務省によると、2024年9月現在、日本は24の国・地域との間に21の経済連携協定の署名が済んでいます。これによる関税の引き下げや非関税障壁の緩和によって貿易が促進し、輸出入が増加した結果、貿易依存度が上昇しました。実際に24の国・地域との貿易額は、日本の貿易総額の78.8％を占め、現在交渉中の相手国も含めると、87.1％にも及びます。内訳を見ると、中国（19.99％）、

ASEAN（15.00％）、韓国（5.19％）となっており、近隣アジア諸国だけで40.18％となっています。

　日本は**第二次ベビーブーム（1971 ～ 1974年）をピークに出生数が長らく減少傾向にあり、もはや少母化が進んで少子化が起きている**といった状況です。これは中長期的な国内市場の縮小に繋がるため、国内需要が限られる中で、企業は成長の機会を海外市場に求めるようになり、輸出依存が高まりました。古い価値観に凝り固まり、「やっぱり売るなら東京大市場を目指す！」という指向では頭打ちになるため、既得権益を打破しつつ、国際競争力を高めていく必要があることは、官民ともに理解すべき時にきているのではないでしょうか。

　さらに**日本は資源の乏しい国**であり、自給できるのは硫黄と石灰くらいのものであって、**石油や天然ガス、石炭、鉄鉱石などの原燃料需要の多くを輸入で賄っています。**1990年代と比べてエネルギー需要は増加しており、特に東日本大震災後の原子力発電所停止の影響で、火力発電に必要なエネルギー資源の輸入量が増加しました。これにより、輸入依存度が上昇しています。

　今後、電気自動車の保有台数が増加していく未来を考えれば、これまで以上に電気を必要とするのですが、その電気は多くの化石燃料を輸入して作るので、このまま電気自動車が増えていけばさらに輸入依存度が高まりそうです。「だからこそ再生可能エネルギーだ！」という声がありますが、太陽光パネルの廃棄については色々と問題視されていること、太陽光パネルを設置するために山林原野を切り拓けば、土地がもつ水の涵養機能が失われるため土砂崩れや洪水の被害が高まる懸念があります。

　日本人の悪い癖として、耳に心地の良い言葉に惑わされて勢い

で始めてみたものの、「終わり」をどこに持っていくのか、出口戦略を考えないところがあります。「後のことは知らん」とばかりに、逃げ切ろうとするズルい人たちが少なからずいる、こんな社会的風潮は一日も早く改める必要があります。

「ドイツ・フランス・オランダ」の貿易依存度

> **1** ドイツ・フランス・カナダ・オランダの貿易依存度は、経済規模に比べて相対的に高いといえる。これらの国に共通する理由について、2行以内で述べよ。

　（1）では、「ドイツ・フランス・カナダ・オランダの貿易依存度」について問われていますが、4か国の貿易依存度（輸出依存度・輸入依存度）を1994年との比較を表したのが以下の表です。

	貿易依存度（%）	
	輸出	輸入
ドイツ	16.7	13.4
フランス	5.4	8.7
カナダ	−2.2	−0.3
オランダ	20.9	16.8

UNCTAD 統計より

　「ドイツ・フランス・オランダ」の3か国はEU加盟国です。EU加盟国数を見ると、1994年当時は12か国でしたが、2022年には27か国となっており、1994年と比較してEU域内貿易の促進がみられたと考えられます。特にドイツは輸出依存度が37.3%、輸入依存度が31.8%と、他の中規模経済の国々よりも高い依存度です。こ

れは、**ドイツが製造業を基盤とした輸出指向型の経済体制**であること、EU加盟国であることがそれを後押ししています。

また、オランダは輸出依存度が64.2%、輸入依存度が55.6%と、EU加盟国の中でも非常に高い貿易依存度を示しています。それは、**オランダが人口規模が小さく、国内市場が小さいため、「地の利」を活かして中継貿易を行っている**からです。オランダはライン川の河口に位置しており、これが「EU市場への玄関口」として機能する「地の利」を持っています。オランダの国名である「Netherlands」は「低い土地」という意味であり、国土のおよそ25%が海面下に位置する低い土地が広がる国です。

一方のカナダは下がっていますが、カナダの貿易額（2022年）を見ると、輸出額の76.9%、輸入額の49.2%をそれぞれアメリカ合衆国が占めていて、1994年発効の北米自由貿易協定（NAFTA）、そこから発展した2020年発効の米国・メキシコ・カナダ協定（USMCA）の存在を考えれば、カナダのアメリカ合衆国への依存度は大きく変化していないため、この減少分は誤差といえます。

とはいえ、1994年も、2022年においても依然として貿易依存度が高いことに変わりはありません。カナダにしてみれば、「**近くにお金持ちが数多く住んでいる国」が存在するならば、そこを輸出対象とする**のは当然のことです。しかし、アメリカ経済の変化、貿易政策の変更などによってカナダ経済は大きな影響を受けるリスクも同時に存在し、これはメキシコも同様です。

いずれにせよ、4か国の貿易依存度が高い背景としては、EUやNAFTA（当時）に加盟して、関税の撤廃や非関税障壁の緩和などで域内貿易が活発であるということです。「経済が大きな自給自足の村」も、少なからず「資源が限られた小さな村」の性格を帯びるようになり、近隣諸国との間で経済圏を構築して域内貿易が活発化

する傾向は今後も続くと考えられます。

> **1の"当時"の解答例** EUやNAFTAなどに加盟することで、域内の関税撤廃や非関税障壁の緩和などを背景に加盟国との貿易を活発に行っているから。（60字）

「ブラジル、アルゼンチン、オーストラリア」の貿易依存度

さて、ブラジルとアルゼンチン、オーストラリアの貿易依存度も見てみましょう。ブラジルとアルゼンチンの貿易依存度は他の国々と比べて低く、これは国内市場が比較的大きいことが影響しています。ブラジルの輸出依存度は15.9％、輸入依存度は12.3％、アルゼンチンの輸出依存度は9.9％、輸入依存度は10.8％となっています。

1995年、ブラジルやアルゼンチンを含む南アメリカ域内での貿易自由化と経済協力を促進するために南米南部共同市場（MERCOSUR）が設立されました。MERCOSUR域内では、加盟国間の貿易が活発に行われています。ブラジルの最大貿易相手国は中国ですが、輸出先としてはアルゼンチンも重要であり、それはアルゼンチンも同様です。しかし、加盟国間での統一関税や自由貿易の推進に努めているものの、各国の経済状況の違いから完全な経済統合には至っていません。ブラジルは南米最大の経済規模を持つため、他の加盟国との経済格差が課題となりやすく、貿易の自由化政策も慎重に進められています。また、アルゼンチン経済は不安定な要素もあり、域内貿易の均衡が課題となっています。

オーストラリアの貿易依存度には輸出と輸入で異なる特徴が見られます。

オーストラリアの輸出依存度は、近年は上昇傾向にあります。まず、中国経済の急成長により、特に鉱物資源（鉄鉱石や石炭）を中心に対中輸出が増加しました。2022年には、オーストラリアの輸出額の24.9％が中国向けとなっており、これは輸出依存度の上昇に大きく寄与しています。

さらに、オーストラリアは中国に加え、アジア太平洋地域全体への輸出を拡大させており、日本や韓国、ASEAN諸国が成長する中で、同地域へのエネルギー資源や農産物の供給が増加しています。特に、RCEP（地域的な包括的経済連携協定）への参加や、各国との自由貿易協定（FTA）の締結により、アジア地域への輸出が促進されています。

加えて、2000年代以降の資源価格の上昇も輸出依存度を押し上げる要因となっています。オーストラリアは石炭や鉄鉱石、液化天然ガス（LNG）の主要輸出国であり、特にLNGの輸出は日本や中国、韓国などで需要が拡大し、オーストラリア経済の重要な収入源となっています。また農産物の輸出も拡大しています。アジア諸国での経済成長は生活水準の向上に繋がり、食生活に変化をもたらしました。オーストラリア産の牛肉や小麦、乳製品、ワインなどが多く輸出されており、高品質な農産物が評価されています。特に日本や韓国、中国などで高い需要があり、これが輸出依存度の上昇に貢献しています。

一方、オーストラリアは輸入依存度が低く、ここ数十年で大きな変化がありません。まず、オーストラリアは人口数が横ばいであり、大きな増加はみられません。また、元々高い経済水準を維持しているため、国内需要や市場規模が大きく上振れすることがなく、輸入量に大きな変動が見られません。そして、豊富な天然資源を有し、特に食料やエネルギーに関して国内自給が可能なため、輸入に依存する必要があまりない点も要因の一つです。

中国の急成長と課題

> **2** 中国の貿易依存度は、1980年には輸出・輸入とも7％前後であったが、その後著しく上昇してきた。このうち、輸出依存度が上昇してきた理由について、2行以内で述べよ。

　(2)で、中国の輸出依存度が上昇した理由について問われています。輸出依存度は1980年が7％前後、1994年が19.0％と急増していることがわかります。1980年といえば、1978年から始まった改革・開放政策によって輸出指向型工業化が進展したことが背景と考えられます。社会主義体制下において、**市場経済の仕組みを部分的に採り入れる社会主義市場経済の導入**が輸出依存度を大きく高めました。

　特に沿海部の経済特区では、外国企業の進出が進み、安価で豊富な労働力を背景に低コストでの製造業が発展し、中国は「世界の工場」としての地位を確立しました。政府は輸出を経済成長の柱とする政策を掲げ、税制優遇や輸出支援を行うことで国際市場での競争力を強化しました。また、政府の計画経済の枠組みのもとで輸出主導型の成長戦略が進められ、特定の産業や地域に資源が集中され、国家主導での輸出促進が行われました。こうして、外国資本や技術の導入、輸出重視の成長戦略、国家の統制が相まって、中国の輸出依存度は大きく上昇しました。

> **2の"当時の"解答例** 改革開放政策を採用し、経済特区を設置することで外資の導入、安価で豊富な労働力を活用した輸出指向型工業化が進展したから。（59字）

しかし、2022年に中国の輸出依存度は17.9％に減少しています。先述の中国の輸出依存度の上昇は、2006年には32.3％にまで達し、これをピークに減少傾向となっています。

中国－輸出依存度［単位：％］

UNCTAD統計より

中国経済は過去20年の急成長を経て、中間層が増えたことで内需主導型の成長戦略にシフトしています。中国政府は、内需を拡大し、経済の安定性を高める政策に注力しており、これは輸出への依存度を減らし、国内消費や投資を経済成長の柱にする方向です。また、他国の経済に依存せずに成長を続けることで、他国の経済状況に左右されない経済基盤を築く狙いがあるといえます。このため、輸出依存度が中長期的にやや低下傾向にあるわけです。

4-2

「当時」の発展途上国の その後を追う

（2000 年度第 2 問）

　現代の世界では、一口に「発展途上国」といっても、地域や国によって、産業構成や社会変化のあり方は大きく異なっている。次の表は、発展途上国の中から 6 ヵ国を選び、3 つのグループに分けて、1980 年と 1995 年の産業構成および都市人口率を示したものである。この表に関する以下の設問 A ～ C に答えよ。

グループ	国		GDP の産業別構成（%）			都市人口率（%）
			第1次	第2次（うち製造業）	第3次	
イ群	a国	1980	23	29(22)	48	17
		1995	11	40(29)	49	20
	b国	1980	22	38(21)	40	42
		1995	13	43(33)	44	54
ロ群	c国	1980	57	12(6)	31	11
		1995	57	10(3)	33	13
	d国	1980	45	18(11)	37	15
		1995	59	17(8)	24	24
ハ群	e国	1980	19	32(23)	49	64
		1995	14	32(18)	54	73
	f国	1980	8	33(22)	59	66
		1995	8	26(19)	66	75

GDP の産業別構成は付加価値ベース。
世界銀行資料による。

先進国と発展途上国

先進国とは、一般的に高度な経済水準にあり、安定した政治・社会制度が整った国を指します。特徴として、1人あたりの国内総生産（GDP）や1人あたり国民総所得（GNI）が高く、交通インフラが整い、充実した食生活を実現し、高等教育や高水準の医療技術、社会福祉などが充実しています。そして、産業の中心がサービス業や先端技術産業となっていることが挙げられ、サービス経済化が進んでいます。

「OECD加盟国」を先進国と評価する向きもあり、経済協力開発機構（OECD）や国際通貨基金（IMF）、世界銀行などが用いる経済指標も、先進国の基準として活用されています。

一言で「先進国」とはいっても、工業だったり、農業だったり、近年でいえば情報技術産業だったり、多様な「先進」の形がありますので、単純に経済水準が高いと短絡的に捉えるのではなく、**「何の分野で先に進んでいるのか?」**と考えることが重要です。

例えば、日本やドイツなどは先進工業国と称される一方で、アメリカ合衆国やオランダなどは農業分野での収益性が高い国ですので、先進農業国といえそうです。もちろん、アメリカ合衆国は先進工業国でもあります。それぞれの分野で先進的な地位にある国は、他国に対して技術提供をするなどして世界経済を主導していることから、今後も国際分業体制が深化していくと考えられます。つまり、4-1でもお話ししたように、世界的に貿易依存度は高まる傾向にあるわけです。

発展途上国とは、経済発展の途上にあり、生活水準やインフラの整備が進行中または未整備の状態にある国のことです。特徴として、国家としてのGDPが低い、教育や医療の社会福祉制度が

未発達、産業構造が農業や鉱工業に極端に依存していることなど
が挙げられます。発展途上国の中には、急成長を遂げている国を
新興国と呼んだり、特定の分野で豊富な資源収入を得ている資源
大国があったりと、各国の状況は様々です。

　また、発展途上国は、経済規模や発展の度合いに応じて細かく
分類されます。例えば、低所得国や低位の中所得国はインフラや
教育制度が整っていないことが多く、これらの分野においては支援
が必要なケースが多くなります。一方で、新興国と呼ばれる中位か
ら上位の中所得国は急速な経済成長を遂げており、他の発展途上
国のモデルケースとなることもあります。

　こうした分類が進む中で注目されるのが「南南問題」です。これ
は、**発展途上国間における経済格差や対立**を指します。南北問題
が先進国と発展途上国の格差を意味するのに対し、南南問題は発
展途上国間の格差に焦点を合わせています。特に新興国と低所得
国の間で、成長スピードや経済支援の受け取り方に違いがあり、
発展途上国間でも経済格差が拡大する要因となっています。

　「先進国」と「発展途上国」の区分は、第二次世界大戦後の冷戦
時代に生まれたといわれます。冷戦中の世界は「第一世界（西側
諸国）」「第二世界（共産主義諸国）」「第三世界（非同盟諸国）」と
区分され、第三世界の国々が「発展途上国」とみなされるようになり
ました。1960年代に入ると、国際連合や国際機関が各国の経済水
準をもとに「先進国」と「発展途上国」の分類を明確化し、今日まで
用いられています。

　第二次世界大戦後、アメリカ合衆国はマーシャル・プランによっ
てヨーロッパの復興を支援しました。この計画により、1948年に欧

州経済協力機構（OEEC）が設立され、ヨーロッパ諸国間で経済協力と貿易促進が進められます。その後、冷戦下でより広範な国際協力が求められるようになり、OEECが発展的に解消されると、1961年に経済協力開発機構（OECD）が設立されました。OECDは、主に先進国が加盟し、経済成長の促進や貿易の自由化、開発途上国支援を目的とした枠組みとして活動していますので、「OECD加盟国」を先進国と呼ぶことがあるわけです。

1人あたり所得水準の4区分

　世界開発指標（WDI: World Development Indicators）では、各国の1人あたり国民総所得（GNI）に基づき、2025年度（2024年7月1日からの1年間）の所得水準を次の4つに区分しています。これらの所得区分は、各国の開発段階を把握するために用いられ、国際的な支援や経済協力の際の基準として活用されています。

- 高所得国：14,005ドル以上
- 中所得国（上位）：4,516 ～ 14,005ドル
- 中所得国（低位）：1,146 ～ 4,515ドル
- 低所得国：1,145ドル以下

　1987年時点で、対象国の30%が低所得国、25%が高所得国に分類されていました。それが2023年になると、前者が12%、後者が40%に変化しました。1987年から2023年にかけての地域別の特徴を以下にまとめます。

- 南アジア地域　→　低所得国が100%から13%に低下
- ラテンアメリカ・カリブ海地域　→　低所得国が0%から10%に上昇、高所得国が9%から44%に上昇

- ヨーロッパ・中央アジア地域　→　高所得国が71％から69％に低下

　2025年度区分では、パラオ、ブルガリア、ロシアの3か国が高所得国に、アルジェリア、イラン、モンゴル、ウクライナが中所得国（上位）にそれぞれ移行しました。私はスキューバダイビング目的で毎年のようにパラオを訪れていますが、確かに行く度に物価が上がっている印象がありますので、ついに高所得国の水準に移行したことは分からなくもないといったところです。

　そしてパレスチナ（ヨルダン川西岸地区・ガザ地区）は戦争の影響か、中所得国（上位）から中所得国（下位）に下がりました。戦争なんてものは、破壊と犠牲を生み出す、まったくもって非効率的な成長戦略のようなものであり、得られるものは「荒廃」だけです。

　日本は戦後、急速な経済成長を遂げ、インフラや産業が発展し、現在も高い生活水準と安定した社会制度を保っています。しかし、近年では経済成長の鈍化や人口減少問題が顕在化し、持続可能な成長をどのように維持するかが課題となっています。「失われた30年」は一日も早く終わらせなければなりません。

　いつの時代も社会は若者のためにあるべきですから。

中所得国の罠

　「中所得国の罠」という言葉があります。これは**発展途上国が中所得国まで成長したものの、そこから高所得国への発展が停滞してしまう現象**を指します。原因としては、技術力や教育水準の不足、産業の多様化の遅れ、社会制度の未整備などが挙げられます。これを克服するためには、技術革新やインフラ整備、教育投資など、

持続的な経済発展を支える施策が求められます。

中所得国の罠を脱した国として、アジアNIEsが挙げられます。アジアNIEsの4つの国と地域は、1960年代から1980年代にかけて急激な経済成長を遂げ、輸出指向型工業化を進めていき、外貨を稼ぐことで国内の経済成長を実現させました。

ここで、「中国は中所得国の罠を脱した国といえるか?」という疑問が湧いてきます。中国の国民1人あたりGNIが12463ドル(2022年、国連)ですので、2025年度基準では中所得国(上位)に分類されています。

過去、中国経済は豊富な労働力による「人口ボーナス」に支えられて急成長を遂げましたが、近年は賃金上昇や労働契約法の施行により賃金水準の優位性を失い、「人口オーナス」に移行しつつあります。このため、今後は労働集約型から資本集約型の製造業へ移行し、技術革新を進めることが求められており、そのためには、企業の研究開発への成功報酬や知的財産の保護が重要です。習近平政権は国有企業の強化を図っていますが、市場の活力を損ねる可能性があり、経済成長には地方分権と規制緩和が鍵となるとされています。

アフリカ諸国とラテンアメリカ諸国

設問A イ群は、タイとマレーシアである。ロ群とハ群は、①コロンビアとメキシコ、②サウジアラビアとオマーン、③エチオピアとタンザニアのいずれかである。

(1) ロ群とハ群は、それぞれ①～③のうちのどれか。ロ群 - ④のように答えよ。

(2) そのように判断した理由を、合わせて3行以内で述べよ。

ロ群とハ群を判定してみます。

　ロ群はGDPの産業別構成の第1次がイ群やハ群よりもかなり高くなっていますので、1995年時点でも農林水産業が主産業だったと考えられるアフリカ諸国と考えられます。c国はエチオピア、d国はタンザニアですが、こちらの判定はほぼ不可能でしょう。

　そしてハ群ですが、1980年の段階で都市人口率が高いことからラテンアメリカ諸国と考えられます。

　ラテンアメリカ諸国で都市人口率が早くから高まった背景には、歴史的、経済的、社会的な要因が複雑に絡んでいます。まず、植民地時代に沿岸部に設けられた開発拠点がヨーロッパ市場向けの輸出品の集積地として機能し、これが後に都市として成長しました。ラテンアメリカ諸国の多くが、鉱物や農産物などの一次産品の輸出に依存する経済構造を持ち、沿岸都市に産業や雇用が集中していく過程で農村部からの人口流入が促進されました。

　また、一部の国々では、内戦や政治的な不安定が続き、治安や生活基盤が脆弱な農村部からより安全な都市部へ人々が移住する動きが見られました。これも都市集中の一因となり、都市部に多くの人が集まる結果を生みます。さらに、都市部には教育や医療などの社会サービスが充実しているため、農村部でこれらのサービスが不足している人々が、より良い生活条件を求めて都市に移住しました。これらの要因が相まって、ラテンアメリカ諸国では早い段階から都市化が進み、都市人口率の水準が高いというわけです。

213

> **設問Aの"当時の"解答例**　（1）ロ群－③　ハ群－①
>
> 　（2）ロ群は第1次産業割合が高く第3次産業割合と都市人口率
> が低いため、農業が主産業のアフリカ諸国の③、ハ群は早い段階
> で都市人口率が高く第3次産業の割合が高いラテンアメリカ諸国の
> ①である。（90字）

　ところで、②サウジアラビアとオマーンが該当しないのはなぜで
しょうか？　これは両国の主産業が石油産業であるため、第2次産
業の割合が高くなるからといえます。

急激に変わったタイとマレーシア

> **設問B**　イ群とロ群の産業構成の変化には著しい差異が見られ
> る。イ群の産業構成の変化をもたらした政治経済的背景を、次の
> 語句をすべて使用して、3行以内で述べよ。
> 　外資導入　輸出指向

　イ群のa国（タイ）とb国（マレーシア）は、1980年から1995年に
かけてのGDPの産業別構成を比較すると、第1次産業が低下し、
第2次産業が上昇している一方、第3次産業はほぼ横ばいで推移
しています。これは、両国が農林水産業中心から工業化社会へと
移行し、経済構造の転換を図ったことを示しています。

　**タイとマレーシアはともに1980年代以降、外国資本を導入して輸
出指向型の工業化政策を推進し、特に製造業への投資を増やしま
した。**これにより、国内外からの投資が促進され、エレクトロニクス

や自動車部品、繊維といった産業が成長しました。タイでは、輸出加工区を設けて外国企業を誘致し、製造業が拡大しました。一方でマレーシアはエレクトロニクスや石油精製、パーム油の生産など幅広い産業に投資を集め、より多様な工業基盤を整えました。

しかし、工業化が進展する中でも、両国では依然として農林水産業が経済の重要な役割を果たしていました。1995年時点でも、タイの第1次産業の割合は11%、マレーシアは13%と、どちらも10%を超えています。これは、両国ともに農業が国民生活の基盤となっており、特に米の生産やゴム、パーム油などの輸出に依存しているためです。こうした背景から、工業化が進んでいるとはいえ、農林水産業も主要産業の一つとして考えられます。

工業化の進展にともない、都市部での人口流入が見られ、都市人口率が若干ながら上昇しました。タイの都市人口率は17%から20%、マレーシアでは42%から54%にそれぞれ上昇しており、都市化の進展が経済成長とともに進んでいることがわかります。

こうした状況から、タイとマレーシアは1980年代から1990年代にかけて急速な工業化と都市化を経験しましたが、依然として農業が経済の柱の一つでした。両国はその後も輸出主導の工業化政策を維持しながら、徐々に産業の多様化やインフラ整備、サービス業の発展に力を入れるようになっていきます。

> **設問Bの"当時の"解答例** 積極的な外資導入により社会資本を整えて輸出加工区を設置し、外国企業に対する税制面での優遇措置を行い、また低賃金労働力を活用した労働集約型工業を基盤に、輸出指向型工業化が進んだ。（88字）

では、両国はその後、どのような経済成長が見られたのか、最新の統計を加えて作成したのが次の表をみて考えてみましょう。

グループ	国		GDPの産業別構成（%）			都市人口率（%）
			第1次	第2次（うち製造業）	第3次	
イ群	a国	1980	23	29 (22)	48	17
		1995	11	40 (29)	49	20
		2023	8.6	35.0 (27.0)	56.4	53.6
	b国	1980	22	38 (21)	40	42
		1995	13	43 (33)	44	54
		2023	7.3	37.8 (24.0)	54.9	78.7

世界銀行統計より

1995年以降の両国をみると、2023年までの間に大きな経済構造の変化を経験しました。

この期間、両国ともにGDPの産業別構成は第1次、第2次ともに低下する一方、第3次が上昇しました。また、都市化が進展し、都市人口率が大幅に増加しています。この変化には、特に両国の政策や東南アジアの経済統合、国際経済の動向が影響を与えています。

この期間、タイでは工業化が進みつつも、**観光業やサービス業が成長の中心**となりました。特にバンコクなどの都市部では観光インフラが整備され、外国からの観光客が増加したことが第3次産業の拡大に寄与しています。タイの外国人旅行客数の推移（国連統計）をみると、1995年の695万2000人から、コロナ禍直前の2019年には3991万6000人にまで増加しました。

工業の割合はやや減少しましたが、製造業は2023年でも27.0%と安定しており、輸出総額の74.6%が「工業製品」（2022年）となっ

ていることからも分かるように、依然として経済を支える基盤となっているようです。観光業と製造業の両軸によってタイ経済は成長を遂げましたが、急速な都市化にともない、都市部でのインフラ整備や住宅供給が課題となっています。バンコクで地下鉄が開業したのは2004年のことでしたので、その時代背景が分かるというものです。

　一方のマレーシアは、製造業からサービス業へと経済の重心を移し、特に金融業や情報通信技術（ICT）産業、観光業が成長しました。マレーシアの外国人旅行客数の推移（国連統計）をみると、1995年の746万9000人から、2019年には2601万1000人にまで増加しています。また、マレーシアは石油や天然ガスの輸出が盛んであり、輸出総額の18.6％が「原燃料」（2022年）となっています。製造業の割合は減少しましたが、マレーシア全体での経済成長を支える多様な産業が発展し続けています。

　タイとマレーシアはともに、1995年から2023年にかけて工業化が進展した一方で、**サービス業の割合が拡大し、経済が成熟段階に移行しました。**また、都市人口率の急上昇が示すように、両国での都市化が進展し、経済活動の中心が都市に集約されつつあるようです。この都市化によって、インフラ整備や住宅供給が急務となり、都市計画の重要性が増しています。

植民地支配を受けた国と受けなかった国

> **設問C**　イ群の a 国と比べると、同じイ群の b 国や、ハ群の e 国・f 国は、都市人口率がきわめて高い水準にある。このような差異が見られる理由を、農村社会の特色の面から、次の語句をすべて使用して、3行以内で述べよ。
>
> 　大土地所有制　小農経営　プランテーション

　設問Cでは、タイと比較して、マレーシア、コロンビア、メキシコの都市人口率が高いことの理由を問うています。

　タイ（a国）では、労働集約的な稲作を中心とした小農経営が一般的であり、多くの農民が農村部にとどまっています。その背景には、**タイが東南アジア諸国の中で唯一、欧米列強の植民地支配を受けなかったこと**が挙げられます。植民地化された他の国々とは異なり、タイには大規模なプランテーション農業が導入されませんでした。そのため、土地は家族経営の小規模農地が多く、主に稲作が行われており、農村部での生活が根付いています。こうした小農経営が、タイの農村人口が多い、つまり都市人口率が低い要因でした。先述のように、近年は都市人口率が50％を超えるほどに上昇しています。

　一方、マレーシア、コロンビア、メキシコでは、植民地時代からの歴史的経緯により、**大土地所有制**が長く根付いています。この大土地所有制では、少数の大地主が広大な農地を支配しており、土地を持たない多くの農民は大規模な農場で労働者として働いていました。この土地所有の不平等が、農村部での雇用機会を制限する背景となり、都市部への人口流出を招く背景となっています。

218

マレーシアは旧イギリス領であり、コロンビアとメキシコは旧スペイン領です。

　さらに、これらの国々には、輸出向けの**プランテーション農業**が広がっており、これは特定の作物を大規模に栽培する荘園農業形態です。

　マレーシアでは、植民地時代にイギリスが導入した天然ゴムの栽培が盛んでしたが、近年は脱モノカルチャーを進め、先進国向けのパーム油の生産を目的にアブラヤシ栽培が盛んです。コロンビアではコーヒー豆、メキシコではカカオやサトウキビがプランテーションで栽培されていました。しかし、プランテーションは季節労働が多く、安定した収入を得るのが難しいため、農村部から都市部へと移住する労働者が増える結果を生んでいます。

　タイは植民地支配を免れたために小農経営が中心となって農村人口が多い状況が続いています。一方で、マレーシア、コロンビア、メキシコでは大土地所有制とプランテーション農業が広がり、農村部の雇用が限られています。その結果、農村から都市部への人口流出が進み、都市人口率が高くなっています。

> **設問Cの"当時の"解答例**　タイは独立維持国でありプランテーションが存在せず小農経営中心の稲作が盛んであるが、3か国は植民地時代に導入された大土地所有制が残っており、農村人口の多くが都市部へ流出したから。（88字）

　ちなみに、c国からf国の2023年統計を追加した表を作りました。

グループ	国		GDPの産業別構成（%）			都市人口率（%）
			第1次	第2次（うち製造業）	第3次	
ロ群	c国	1980	57	12(6)	31	11
		1995	57	10(3)	33	13
		2023	31.1	22.0(21.6)	46.9	23.2
	d国	1980	45	18(11)	37	15
		1995	59	17(8)	24	24
		2023	26.7	28.4(24.0)	44.9	37.4
ハ群	e国	1980	19	32(23)	49	64
		1995	14	32(18)	54	73
		2023	6.2	34.1(12.0)	59.7	82.4
	f国	1980	8	33(22)	59	66
		1995	8	26(19)	66	75
		2023	3.4	31.9(17.0)	64.7	81.6

世界銀行統計より

　ロ群のエチオピア（c国）とタンザニア（d国）は、長らく農業が主産業であり、多くの国民が農村部で生活していました。しかし、近年では工業やサービス業が成長し、農業依存から脱却しつつあります。これにともない、農村から都市部へ移住する動きが加速し、都市化が進展しています。

　特にタンザニアでは、製造業が発達し、都市部での雇用機会が増えたことで、農村から都市への人口流出が顕著になっています。一方、エチオピアも工業化とサービス業が成長途上にありますが、他国と比べて都市化の進み方はやや緩やかで、依然として農村人口が多い状況です。

　ハ群のコロンビア（e国）とメキシコ（f国）は、第1次の割合が低下していることから、農村部の住民が都市部での安定した雇用を求めて移住し、都市化が進んでいることがわかります。しかし、1980

年代にはすでに第2次産業と第3次産業が経済の中心を占めており、現在に至るまでその傾向が続いています。このため、両国の産業構成には大きな変化が見られません。植民地時代から引き継がれたプランテーション農業が依然として一部残っているものの、すでに工業とサービス業が経済の主軸となっています。

先進国と発展途上国、それぞれの人口問題

4-3

（2002年度第2問）

　次の表は、各国の人口増加率、65歳以上人口割合、1人あたり国内総生産（GDP）を示したものである。これを見て、以下の設問A〜Dに答えよ。

群	国	人口増加率（%）	65歳以上人口割合（%）	1人あたりGDP（ドル）
X	フィリピン	2.6	5.9	866
	（ア）	1.9	4.3	451
Y	（イ）	1.1	6.9	748
	（ウ）	1.0	12.7	31,456
Z	（エ）	0.5	15.7	26,014
	日本	0.3	16.0	30,046

人口増加率は1990〜98年の年平均。
55歳以上人口割合と1人あたりGDPの年次は1995年から1999年の間で、国によって異なる。
国連およびIMFの資料による。

インドと中国の人口動態

設問A
　（ア）〜（エ）は、アメリカ合衆国、インド、中国、ドイツのいずれかである。（ア）〜（エ）の国名を、それぞれ（ア）−○○のように答えよ。

222

2002年度第2問は、世界各国の人口増加率、65歳以上人口割合、1人あたり国内総生産（GDP）を題材とした問題でした。

表を見ると、1人あたりGDPの数値から、（ア）国・（イ）国は発展途上国、（ウ）国・（エ）国は先進国です。設問Aで与えられている国を分類すると、前者が中国かインド、後者がアメリカ合衆国かドイツであると考えられます。

実は、2025年1月時点で、**インドはついに中国を抜き、世界で最も人口の多い国となっています。**歴史的には長らく中国が世界最大の人口を誇ってきましたが、2021年頃にインドが追い抜いたと考えられています。

この変化は、中国とインドの人口動態の違いが顕著に現れた結果です。具体的に見ると、1990年当時の中国の人口は約11億3518万5000人、インドは8億7045万2000人で、およそ2億6千万人もの差がありました。しかし、その後およそ30年の間にインドが急速に人口を増やし、ついに中国を上回るまでに至りました。この背景には、両国の経済成長と人口増加政策、そして社会構造の違いが大きく影響しています。よって（ア）国がインド、（イ）国が中国です。

群	国	人口増加率 （%）	65歳以上 人口割合 （%）	1人あたりGDP （ドル）
X	（ア）	1.9	4.3	451
	2023年	0.81	7.07	2,497
Y	（イ）	1.1	6.9	748
	2023年	−0.10	14.3	12,597

インドと中国の2023年統計

問題で示された表の中から、インドと中国の2023年統計を追加

してみました。

インドは独立後の数十年間に急速な人口増加がみられました。高い出生率は若年層の割合を増加させ、この若い世代の結婚や出産で人口増加がさらに進むという「人口ピラミッドの拡大期」にありました。しかし2023年統計を見て分かる通り、インドの人口増加率は半分以下にまで低下しています。15～49歳の女性が何人子供を産んでいるかを示す合計特殊出生率、インドの数値はいくつだと思いますか？「やっぱり農業中心の国だから子だくさんなんじゃない？」と思っていませんか？　インドの合計特殊出生率は、2.01（2022年、国連統計）です。1990年が4.05だったことを考えれば、**インドは中長期的に幼年人口数が減少傾向**にあります。そうなると人口ピラミッドは富士山型から釣り鐘型へと移行し、相対的に高齢化率が上昇し、それに比例して死亡率も上昇しているのが、現在のインドです。

一方、中国は1979年から始まった「一人っ子政策」によって、人口増加を抑える方針をとってきました。この政策は急速な人口増加を抑制する目的で導入されたのですが、時代が経るにつれ大きな問題点が浮かび上がってきました。急激な少子化は、短期間で高齢化社会を創り出し、1990年に5.3％だった中国の高齢化率は、2001年には7.1％で高齢化社会を迎え、2023年には14.3％となり**ついに高齢社会に突入し、増加傾向が加速**しています。

また労働力を必要とする農村部では男子を欲しがる傾向があり、戸籍上、男性の方が多くなる性別比の偏りがみられます。さらには一人っ子同士で結婚して子供が1人の世帯が増えるなどしました。祖父母4人、両親2人、合計6人の期待を背負って生きていく人生は、なかなかの重圧といえます。

中国は、「安くて豊富な労働力」を武器に、社会主義市場経済を導入して経済成長してきた国です。しかし、少子化は労働力不足

を引き起こし、これが賃金水準の上昇を促すと、それまでの産業構造が行き詰まりを見せるようになっています。労働力不足は、もちろん市場の縮小にも繋がります。人口増加率はマイナスに転じており、**今後のさらなる経済成長をなし遂げられるか、つまり「中所得国の罠」を脱することができるか、世界が注目しています。**

アメリカ合衆国とドイツの出生率

アメリカ合衆国は**「移民大国」**であり、長い歴史を通じて多様な背景を持つ人々が移住し、その発展に貢献してきました。アメリカ合衆国の純移民流入数（年間の移民流入数から外国への移民流出数を引いた人数）をみると、コロナ禍だった2020年と2021年を除けば、毎年100万人を超えています（1990年から2023年までの平均は135万5770人）。

アメリカ合衆国への移民の中でも大きな割合を占めるのがヒスパニック系です。ラテンアメリカ諸国からの移住者が増加しており、アメリカ国内におけるヒスパニック系住民の割合は年々増加しています。多くのヒスパニック系移民はカトリック信者であり、その信仰が影響して大家族や多産の傾向がみられます。カトリック教会は避妊や中絶に対して厳格な立場を取るため、**宗教的価値観の影響からヒスパニック系の出生率はヨーロッパ系白人や他の民族グループと比べて高い傾向がある**わけです。このような文化的・宗教的な背景がヒスパニック系人口の増加に影響を与え、アメリカ社会においても顕著な存在感を示す一因となっています。

アメリカ合衆国は移民受け入れによって、新たな文化的影響をもたらすことで社会の多様性がさらに深まっています。ヒスパニック系移民の増加により、アメリカ国内ではスペイン語の普及が進み、

メキシコの料理や音楽、祭りなどの文化も一般社会に根付き、アメリカ文化の一部として受け入れられつつあります。

しかし、移民受け入れの増加には課題もともないます。アメリカ合衆国では、移民が多い地域で教育、医療、住宅などの公共サービスに負担がかかる場合があり、これが社会的な不平等や格差の原因となることがあります。特にヒスパニック系の人口増加により、**公教育システムの多言語化の必要性**が高まり、教育機関は適応を迫られています。また、ヒスパニック系住民が経済的に苦しい状況に置かれることも少なくなく、**貧困率や医療アクセスの問題**が深刻な地域もあります。これにより、地域によっては社会保障やインフラ整備の再検討が求められているようです。

さらに、ヒスパニック系の人口増加はアメリカ合衆国の政治構造にも影響を与え始めています。多くのヒスパニック系住民がアメリカ国籍を取得し、選挙での投票権を得ることで、地域社会の意見形成に積極的に参加するようになっています。アメリカ合衆国南部や西部ではヒスパニック系の影響力が増し、地域の政策や選挙結果に影響を与えることも珍しくありません。こうした変化は、アメリカ合衆国の政治や政策形成においても多様な視点を反映することにつながり、「**古き良きアメリカ社会を維持する**」のか、「**新しいアメリカ社会を創造する**」のか、アメリカ合衆国の将来をどのように形作っていくのか興味深いところですし、これは今後の日本においても大いに参考すべきことです。

一方、ドイツの人口増加率の低さはやはり出生率の低下にあります。ドイツにおける出生率の低下は、旧西ドイツと旧東ドイツで異なる背景を持ちながらも、いずれにおいても社会的・経済的な要因に基づいて顕著になりました。特に、1960年代後半から1970年代

にかけてのことです。

　高度経済成長にともない、生活水準は向上しましたが、同時に女性の社会進出が進み、仕事と育児の両立が難しい状況が続きました。こうした背景から、結婚や出産のタイミングが遅れたり、子供の数を抑えたりする傾向が強まりました。加えて、西ドイツでは福祉制度が充実しており、老後の生活が保障されるため、多くの子供を持つ必要性が薄れたことも、少子化に拍車をかけました。

　一方、東ドイツ（ドイツ民主共和国）でも1970年代から出生率は低下しましたが、社会主義体制下で家族政策が強化され、育児支援や産休制度の充実が図られました。東ドイツ政府は出生率の低下に積極的に対処し、保育施設を広く提供し、女性が働きながら子育てを行える環境を整えることで、一時的に出生率を持ち直すことに成功しました。しかし、経済的には西側に比べて生活水準の上昇が限られ、将来への不安が根強く、出生率の安定には限界があったようです。

　さらに、1990年に東西ドイツが再統一されると、旧東ドイツ地域では急激な社会・経済の変化が起き、多くの人が失業や経済不安に直面しました。これにより、結婚や出産が控えられ、東ドイツの出生率は大幅に低下します。また、職を求めて旧西ドイツに移住する若年層が増えたため、旧東ドイツでは少子化と人口流出が同時に進行し、人口構造の悪化が加速しました。

　こうして、旧西ドイツと旧東ドイツは異なる要因で少子化に直面しましたが、再統一後はともに人口減少が進む課題を抱えることになりました。旧西ドイツでは経済成長による価値観の変化や福祉制度が、旧東ドイツでは急速な社会変革と移住の流れが、いずれも少子化の背景に影響しました。

群	国	人口増加率(%)	65歳以上人口割合(%)	1人あたりGDP(ドル)
Y	(ウ)	1.0	12.7	31,456
	2023年	**0.5**	**17.59**	**82,715**
Z	(エ)	0.5	15.7	26,014
	2023年	**0.8**	**22.8**	**53,565**

アメリカ合衆国とドイツの2023年統計を追加

アメリカ合衆国(ウ)とドイツ(エ)について、2023年統計を追加しました。

両国ともに、中長期的な少子高齢化が起きており、高齢化率が上昇しています。しかし、人口増加率は低下すると思いきや、近年のドイツは上昇しています。

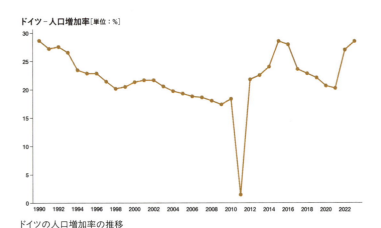

ドイツの人口増加率の推移

ドイツの1990年以降の人口増加率の推移を表にしてみました。確かに2010年頃までは減少傾向にあったといえますが、それ以降は上がったり下がったり実に忙しい統計を示しています。

2011年に大幅な人口減少が見られた背景には、統計上の調整が関係しているようです。この年にドイツで国勢調査（Zensus）が実施され、正確な人口データが改訂されました。その結果、これまでの推計に比べて実際の人口が少なかったため、統計的に急激な減少として反映されました。この減少は実際の出生・死亡や移民などによる変動ではなく、国勢調査による調整の影響です。問題はこの後です。

　2015年には「欧州難民危機」が発生し、シリア内戦などの影響で多くの難民がドイツに流入してきました。**労働力不足に悩むドイツでは多くの難民を受け入れる方針が取られたため、移民流入によって人口が増加しました。**特に2014年から2016年にかけて、急激に移民が増え、人口増加率が大幅に上昇しました。

　2022年以降の増加は、ロシアによるウクライナ侵略の影響で、ウクライナから多くの避難民がドイツに流入したことが背景にあります。ドイツをはじめとするヨーロッパ諸国はウクライナからの難民を受け入れる措置を取っており、これが人口増加率に大きく影響しています。

2015年欧州難民危機がもたらしたもの

　欧州難民危機は、2015年頃をピークに中東地域やアフリカからの大量の移民・難民がヨーロッパに流入した事態を指します。この背景にはシリア内戦やイスラーム国（IS）の台頭、その他の紛争や貧困があり、特に内戦が激しかったシリアからは数百万人が国外に避難しました。多くの人々がトルコやギリシャを経由してヨーロッパに向かい、ドイツやスウェーデンなどの安定した国々を目指しました。

　地中海やバルカン半島を渡る危険なルートを通じて、数多くの移民・難民がヨーロッパに入国しましたが、特に2015年にはドイツが

「私たちはできる」というメッセージを掲げておよそ100万人の難民を受け入れました。一方で、ハンガリーやポーランドなどの東欧諸国は文化的・経済的な理由から難民受け入れに消極的で、EU内部での対立が生じました。

　EUは加盟国間で難民を分担する制度を整えようとしましたが、東欧諸国の反発もあり十分に機能しませんでした。そこで、トルコと協定を結び、トルコに難民キャンプを設置することで、ヨーロッパへの流入を減らそうとします。この協定によりトルコには資金援助が行われ、シリア難民の多くがトルコに留まることになりましたが、根本的な解決には至っていません。そして、2023年2月6日、そんな難民キャンプ地の近くでトルコ・シリア地震が発生し、およそ6万人が犠牲になるという災害となりました。弱り目に祟り目とはまさにこのことです。お亡くなりなった方々のご冥福をお祈り申し上げます。

　欧州難民危機はヨーロッパ諸国にさまざまな影響を与えました。難民の急増により、教育や医療、住宅などの公共サービスの負担が増大し、労働市場の競争が激化しました。一方で、多様な文化や宗教観の流入により社会の多様性が広がる中、文化や価値観の違いによる対立も生まれました。また、難民受け入れへの反発から、反移民政党が勢力を伸ばし、社会的な分断が進んだ地域もあります。ヨーロッパでは右派政党が台頭して、国家主義を唱える人たちが増えました。

　移民とはいえ働いて納税するわけですが、彼らが住みやすい社会を構築するためのコストがかかります。オランダ・アムステルダム大学が発表した『Borderless Welfare State』では、特に旧ソビエトや旧ユーゴスラビアからの移民、また途上国からの移民には社会

的コストが大きく、財政面に関していえば納税額よりもコストの方が高く付いていると書かれてあったほどです。これを日本の政治家たちも読んでくれると良いのですが……。

> **設問Aの解答例**
> アーインド　イー中国　ウーアメリカ合衆国　エードイツ

多産多死型から多産少死型へ

> **設問B** X群の国は人口増加率がもっとも高い。このような国で人口増加率が高い理由を、次の語句をすべて使用して、2行以内で述べよ。
>
> 多産多死　　乳児

　第2次世界大戦後の世界は、「人口爆発」と称されるほどに人口が急増しました。

　1950年と2000年を比較すると、世界の人口増加は25億人から64億人へと2.56倍になったのに対し、アフリカの人口増加は2.3億人から8.2億人へと3.57倍に急増しました。また、世界人口を「先進国」と「発展途上国」に分けた場合は、同様の人口増加は、前者の1.47倍（8.1億人から11.9億人へと増加）に対し、後者は2.93倍（16.9億人から49.6億人へと増加）でした。つまり、「人口爆発」は発展途上国を中心に起こったことがわかります。

　人口爆発の要因は、多産多死型から多産少死型へと人口転換が起きたことでした。簡単にいえば、「たくさん産まれて、たくさん

231

亡くなってしまう」社会から、「たくさん産まれても、人が死なずに済むようになった」ということです。重要なのは、「**死亡率の低下**」と、「**依然として高い出生率**」の2点です。

第2次世界大戦後、世界各国は医療技術の進展や医薬品の普及、衛生環境の向上、食生活の改善を経て、人口動態に大きな変化が見られるようになりました。特に発展途上国では「多産多死型」の状態が続いていました。すなわち、出生率も死亡率も高い状態です。そして子供を多く産む一方で、その多くが乳児期（1歳未満）や幼児期（5歳未満）に亡くなってしまうため、総人口の増加は微増傾向でした。しかし、20世紀後半から医療や衛生の向上によって徐々に「多産少死型」へと転換が進みました。主に**乳幼児死亡率が低下し始めた**わけです。

この「多産少死型」への転換により、出生率は高いまま死亡率が低下し、人口が急増していきます。この変化は特に発展途上国で顕著であり、多くの国が急激な人口増加に直面しました。衛生環境の改善やワクチンの普及により、以前よりも多くの子供たちが成人まで成長できるようになったことで、人口増加が加速しました。そして、多くの発展途上国は農業が主産業であるため、子供は貴重な労働力として重宝されました。また、社会保障制度が未整備な国が多く、老後の世話を期待して、子供を多く持つことが重要と考えられました。これが、依然として高い出生率が続いた背景です。

これらの要因が20世紀の「人口爆発」の背景となり、各国の社会・経済に大きな影響を与えました。

こうした人口転換は単なる医療・衛生の改善だけではなく、社会や経済の変化とも密接に関係しています。例えば、人口が増加す

ることで、若年層の割合が増え、単純に労働者が増加します。しかし、それに見合う教育や医療、インフラの整備が追いつかず、各国は社会的・経済的な負担を抱えることになりました。こうした人口爆発が、のちに家族計画や出生率抑制のための政策が求められる一因となっていくわけです。

　設問Bでは、X群のフィリピンとインド（ア）を含めた「このような国」で人口増加率が高い理由を問うています。「このような国」とは発展途上国のことを指していますので、今述べてきた内容を解答に盛り込むこととなります。フィリピンとインドの地域性を事細かく解答に盛り込んではいけません。この、**「普遍性と地域性を区別する」という捉え方**は地理学においては重要です。

> **設問Bの"当時の"解答例**　出生率が高いまま、医療技術の進展などを背景に主に乳児死亡率が低下したことで、多産多死型から多産少死型へと転換したから。（59字）

フィリピンの地域性

　インドについては先ほど述べましたので、フィリピンの地域性を考えてみましょう。

　フィリピンでは、多産少死型へと移行して著しく人口が増加しましたが、フィリピン特有の社会・文化的要因も存在しています。フィリピンはカトリック教徒が多く、宗教上、避妊や中絶に否定的な立場を取ることから、大家族を好む傾向があるようです。このため、フィリピンの多くの家庭では多くの子供を持つことが一般的であり、特に農村部では労働力としても期待されるため、家族の人数を増や

す傾向が強いようです。

また、教育水準の影響も見逃せません。特に農村部では都市部ほど教育が行き届いておらず、避妊に関する知識や家族計画の普及が限定的です。その結果、早期に結婚し多くの子供を持つ傾向が続き、出生率の高い状態が維持されています。さらに、フィリピンでは都市化の進展が遅れており、農村部の伝統的な家族観が根強く残っています。このように、**フィリピンでは宗教的な背景と教育・経済的な状況が複合的に影響し、高い出生率が維持されてきました。**

フィリピンの2023年の統計を追記しましたが、人口増加率は確かに低下したものの依然として高い水準を維持しています。合計特殊出生率は1990年から2022年にかけて、4.35から2.73に低下していますが、やはり高い水準です。現時点では高齢化の課題は起きていませんが、今後、経済発展や都市化の進展にともない、出生率がさらに低下し、いずれ高齢化が進行する可能性も指摘されています。とはいえそれはだいぶ先のこととなりそうです。

群	国	人口増加率 (%)	65歳以上 人口割合 (%)	1人あたり GDP (ドル)
X	フィリピン	2.6	5.9	866
	2023年	**1.5**	**5.61**	**3,906**

フィリピンの2023年統計を追加

中国の一人っ子政策と移民大国アメリカ

設問C　Y群の国はともに人口増加率が1％程度であるが、1人あたりGDPは大きく異なっている。

(1)（イ）国の1人あたりGDPは、むしろX群の国に近い。このことから見ると、（イ）国の人口増加率がX群の国に比べて特別に低いとも考えられる。（イ）国の人口増加率がこのように低い理由を1行で述べよ。

(2)（ウ）国の1人あたりGDPは、むしろZ群の国に近く、（ウ）国の人口増加率がZ群の国に比べて特別に高いとも考えられる。（ウ）国の人口増加率がこのように高い理由を1行で述べよ。

　設問Cでは、中国とアメリカ合衆国の人口増加率がほぼ同等だった1990年代の時代背景を捉える問題でした。今となっては見ることのない状況を取り上げた出題といえます。

　(1)では、中国が発展途上国の中でも人口増加率が特別に低い理由、(2)では、アメリカ合衆国が先進国の中でも人口増加率が特別に高い理由をそれぞれ問うています。この背景については、すでに説明した通りです。つまり、中国は一人っ子政策を進めたことで人口増加率が低いこと、アメリカ合衆国はヒスパニックを中心とした移民が多く、また彼らが多産傾向にあることから人口増加率が高いということです。中国とアメリカの地域性ですね。

群	国	人口増加率(%)	65歳以上人口割合(%)	1人あたりGDP(ドル)
Y	（イ）	1.1	6.9	748
	2023年	−0.10	14.3	12,597
	（ウ）	1.0	12.7	31,456
	2023年	0.5	17.59	82,715

中国とアメリカ合衆国の2023年統計

　中国（イ）とアメリカ合衆国（ウ）の2023年統計を追記した表はすでに紹介してありますが、両国だけでまとめてみました。**中国はすでに人口減少社会に入り、合計特殊出生率（2022年、世界銀行）が日本の1.26よりも低い1.18を記録していて、急速に高齢化が進行しています。**市場の縮小が懸念される中、今後の政策によって経済に与える影響がどれほどになるか注目が集まっています。一方、アメリカ合衆国の人口増加率は低下傾向にあるものの、移民の受け入れによって人口増加は続いており、また高齢化の進行が緩やかで、経済成長が続くための要素が備わっていると考えられます。

> **設問Cの"当時の"解答例**
> （1）一人っ子政策を進めたことで急激な出生率の低下を招いたから。（29字）
> （2）ヒスパニックなどの移民が多く、彼らが多産傾向にあるから。（28字）

少子高齢化と人口ピラミッド

> **設問D** Z群のような国では、近年、総人口の中で高齢者の占める割合が高くなる人口高齢化が、重要な社会問題であると考えられている。このような国で人口高齢化が進む理由を、次の語句をすべて使用して、3行以内で述べよ。
> 　出生率　平均寿命　人口ピラミッド

　設問Dでは、日本やドイツなどの少子高齢化が進行する国の背景と人口ピラミッドについて問われました。

　2-3でも述べたように、**「少子高齢化」は基本的に、少子化が先に起きてその後で高齢化が起きます。**日本で深刻化している少子高齢化も同様です。出生数が減少すると、将来的に母親となる女性の絶対数が減りますので（少母化）、さらに出生数の減少が連鎖します。そして相対的に高齢者割合が上昇していきます。

　日本は1974年をピークに出生数が減少傾向にあるため、もはや何をすれば改善するのか解決策を見いだせていませんが、ただ一つ絶対にやってはならないのが、未来ある若者から取れるだけ税金を取って、それを原資に社会保障を手厚くする政策です。日本は社会主義国家ではありませんので、政府が「労働意欲」を奪うことだけはしてはなりません。「未来につけを回すな」という論調がありますが、「未来につけを回すなと若者に過度な負担をかければ、そもそも未来が訪れない」と明確に反論すべきです。

　さて出生率の低下は、「これが理由です！」と言い切れるものがないほどに複雑であり、様々な要因が存在しています。生活水準の

向上で家族計画が普及したこと（自分たちの生活水準を下げてまで子供をたくさん儲けようとは誰も思いません）、女性の高学歴化にともなう社会進出の増加、養育費や教育費の高騰、不安定な雇用環境、晩婚化と非婚化、子供に対する価値観の変化、都市部での生活費の高騰、地域コミュニティーの希薄化、将来への不安など、挙げればいくらでも出てきそうです。

　そもそも「出産」と「育児」は別問題なので、出生率が改善したところでそれはゴールではありませんし、育児環境の充実を図ることも求められます。そもそも日本は「少子化が深刻だ……」と言いながら右往左往しているだけで、具体的な「ゴール」を示しておらず、超高齢社会への対応に追われるだけで、「結局、日本社会の未来をどのようにしたいのか？」という、未来を語る人があまりにも少ないように思います。少子高齢化の明確な目標が示されない、そんな「ゴールのないマラソン」を続けていては未来は明るくなりません。

　一方、医療技術の進展や医薬品の普及、清潔な飲料水の供給や公衆衛生の向上など衛生環境の改善、健康意識の向上など、様々な要因で平均寿命が延びて高齢者数が増加しました。出生率と死亡率が同じ水準ならば少子高齢化は起きませんので、**「死亡率以上に出生率が下がった」**ことが背景です。

　これにより、人口ピラミッドの型が急激に変化しました。1950年の「富士山型」から、1960 〜 1970年頃には「釣り鐘型」、1990年代半ばには「つぼ型」と推移しました。

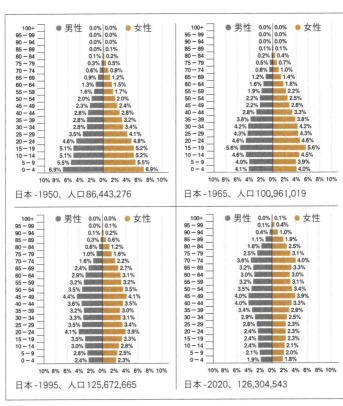

日本の1950年、1965年、1995年、2020年の人口ピラミッド

> **設問Dの"当時の"解答例** 生活水準の向上や女性の社会進出などで出生率が低下し、同時に医療技術や医薬品の普及により平均寿命が延びて高齢化率が上昇したため、人口ピラミッドが釣り鐘型からつぼ型へと移行した。(87字)

さて、それでは日本の2023年統計を追加した表を見てみましょう

群	国	人口増加率(%)	65歳以上人口割合(%)	1人あたりGDP(ドル)
Z	日本	0.3	16	30,046
	2023年	−0.49	30.1	33,899

日本の2023年統計を追加

　言わずもがなですが、日本は人口減少社会へと突入し、超高齢社会がさらに加速しています。モナコやアメリカ合衆国などは別として、先進国における普遍的な社会の変化ではありますが、それにしても異常な速度です。このまま突き進んだ場合、2050年の人口ピラミッド（予測）が下の図です。第2次ベビーブーム世代（1971〜1974年生まれ）が最も多くなっているため、ソフトクリームのような形になっています。しかも、ソフトクリームと呼べるほどの高さがないので、「食べかけのソフトクリーム型」とでもいいましょうか。

　冗談めかして言っていますが、日本社会にとっては深刻な問題です……。

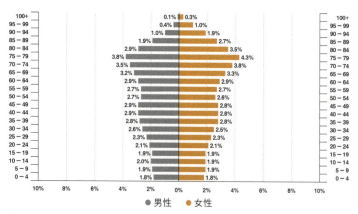

日本 - 2050、人口105,123,167

4-4

日本の産業は、
どう変わったのか？

（2003年度第3問）

設問 A　表1〜3は、工業の業種別構成と工業用水の利用状況を示したものである。

1　表1は、工業全体の出荷額に占める業種別構成比の推移をみたものである。（ア）〜（ウ）は、繊維、金属、機械のいずれかである。（ア）〜（ウ）の業種名を、それぞれ（ア）−○○のように答えよ。

（単位 %）

年	食料品	（ア）	紙	（イ）	化学	（ウ）
1960	12.4	12.3	3.9	18.8	11.8	25.8
1970	10.4	7.7	3.3	19.3	10.6	32.4
1980	10.5	5.2	3.2	17.1	15.5	31.8
1990	10.2	3.9	2.7	13.8	9.7	43.1
2000	11.6	2.3	2.6	11.1	11.0	45.8

表1　食料品には飲料・飼料・たばこも含む。紙にはパルプも含む。
化学には石油・石炭製品も含む。繊維には衣服も含む。
金属は、鉄鋼、非鉄金属、金属製品を合計した値である。
『工業統計表』による。

日本の産業構造は「1973年」に変わった

2003年度第3問設問Aにて、日本の工業の業種別構成と工業用水についての問題が出題されました。

古代ギリシャ時代の哲学者であったタレスは「万物の根源は水である」と主張し、神話的な世界観が支配する時代において自然を合理的に説明しようとしました。この主張は、科学的思考や観察力に基づいており、同時代の他の学者の推測的な説に比べ、より客観的かつ自然科学的でした。さらに、生物や環境における水の役割を考えると、彼の考えは現代の視点からも一定の妥当性を持っているように思えます。

現代科学では、原子や分子が物質の根源とされ、水はただのH_2Oと理解されます。しかし、水が生命や地球環境にとって不可欠である事実は変わりません。例えば、生命維持、地球規模の循環、天候、そして環境問題の多くが水と密接に関連しています。あらゆる産業で水が利用、管理され、ある意味21世紀における人類の存続に直結しており、単なる物質以上の価値を持っています。

21世紀を「水の世紀」とする考え方があるように、人口増加、それにともう環境破壊などの課題が山積する一方で、水をエネルギー源として活用する動きが広がっています。

日本の産業構造を考えるさいには、**1973年を境に変化があったこと**が重要です。1973年以前は、エネルギー多消費型の産業が中心であり、鉄鋼業や造船業、アルミニウム工業といった重厚長大型産業が盛んでした。しかし、**1973年に勃発した第四次中東戦争をきっかけに第一次オイルショックが発生し、石油価格が高騰したことで、日本は省エネルギー型産業への転換を迫られました。**これにより、

自動車産業や電気機械産業といった省エネ・小型化技術を基盤とする産業が発展し、その後の日本経済の新たな柱となっていきました。

このことから、1960年には12.3％と比較的高い割合を占めていましたが、その後急激に低下し、2000年に2.3％にまで落ち込んだ（ア）が「繊維」と判断します。繊維産業は、日本の産業構造の転換に対応して衰退しました。その後は皆さんもご存じの通り、繊維品の国内需要の多くを海外産で賄うようになっていきます。

（イ）は1960年から1970年にかけて割合が上昇していますが、1970年以降は低下傾向にあることから、高度経済成長期の産業の柱の一つであった「金属」と判断します。一方、（ウ）は1980年に割合が一旦低下していますが、1960年から増加傾向にあるため「機械」と判断します。

> **1の"当時の"解答例**　ア−繊維　イ−金属　ウ−機械

日本の「失われた30年」

繊維産業の割合は、1960年代以降に大幅に減少していきました。時代は高度経済成長期、日本経済は日進月歩で成長していた時代です。厚生労働省の賃金構造基本統計調査（1968年開始）から大卒初任給の推移を見ると、1968年の30600円から、翌年以降は34100円（前年比11.4％増）、39900円（前年比17.0％増）、46400円（前年比16.3％増）、52700円（13.6％増）と毎年のように二桁を超える割合で増加していました。1968年以前も賃金水準は上昇傾向にあり、賃金水準が日々上がっていく日常には夢と希望

がたっぷりと詰まっていました。

一方で、高くなっていく賃金水準の下では、国内生産品の利益率が上がらず、結局は安くて豊富な労働力をもつアジア諸国へと生産拠点が移っていきました。その傾向は高度経済成長期が終焉を迎えても変わらず、現在に至ります。また1970年代に入ると、ファッションの多様化が進み、製品のライフサイクルが短くなる傾向が見られ、安価に供給できる海外からの輸入品が優位性を持つようになっていきます。特に1985年のプラザ合意以降の円高の進行によって、海外からの輸入品がさらに増えていきました。

また高度経済成長期は、ナイロンやポリエステルといった合成繊維が使用されるようになりました。これにより**天然繊維の需要が減少**し、絹は高級繊維としての地位を確立していきました。

金属産業の割合は、第一次オイルショック以降、低下傾向にあります。これは先ほど述べたように産業構造の転換が背景にあります。一般に金属産業に分類されるのは、鉄鋼業やアルミニウム工業、銅の精錬やリサイクルなどです。

しかし日本は、鉱産資源に乏しく、金属の原材料のほとんどを輸入に依存しています。そこで低コスト生産を目指してリサイクル技術が開発されるようになると、新規の金属精錬の割合が減少していきました。また1991年2月のバブル崩壊で始まった「平成不況」により公共事業、民間事業問わず、建設業や土木業での鉄鋼需要が低下し、金属産業全市場が縮小しました。

2000年当時は、日本経済は「失われた10年」といわれていましたが、気づけば「失われた30年」といわれるようになっており、いったいいつまで続くのだろうかと多くの国民は気が滅入っています。

機械産業の割合は増加傾向にあります。日本の機械産業は高度

な技術力を持ち、高付加価値製品を製造します。自動車や電子機器、産業用ロボットなどは世界的にも国際競争力があります。円高の進行で海外での現地生産が拡大しましたが、日本国内でも技術革新や生産の効率化を進めたことで、国際競争力を維持しながら輸出を伸ばしていきました。

年	食料品	(ア)繊維	紙	(イ)金属	化学	(ウ)機械
1960	12.4	12.3	3.9	18.8	11.8	25.8
1970	10.4	7.7	3.3	19.3	10.6	32.4
1980	10.5	5.2	3.2	17.1	15.5	31.8
1990	10.2	3.9	2.7	13.8	9.7	43.1
2000	11.6	2.3	2.6	11.1	11.0	45.8
2010	10.5	3.2	1.8	12.0	14.5	20.0
2020	11.0	3.0	1.5	11.5	15.0	21.0

　上の表は、表1に2010年と2020年の数値を追加したものです。特に大きな変化は見られませんが、「(ウ)機械」の割合が低下しています。日本の輸出品は、長らく「機械類」と「自動車」が上位を占めているため、大幅に減少しているとはいえ、産業分類が変更されたことで、それまで「機械」に含まれていた分野が別の産業として統計数値が独立した可能性があります。

　それはそれですが、日本の産業構造はここ30年ほど、あまり変化は見られないようです。

大量に水を使用する産業

2 表2は、工業全体の用水量に占める業種別構成比の推移をみたものである。(a)〜(c)は、紙、化学、機械のいずれかである。(a)〜(c)の業種名を、それぞれ(a)−○○のように答えよ。

(単位 %)

年	(a)	金属	(b)	(c)	食料品	繊維
1970	41.2	29.8	3.7	11.0	4.7	3.6
1980	40.6	31.7	7.2	9.0	4.3	2.2
1990	39.4	31.3	10.7	8.5	3.6	1.7
2000	43.4	30.7	9.3	7.9	3.2	0.9

表2 『工業統計表』による。

(2)では工業全体の用水量に占める業種別構成の推移について出題され、これにより、水資源に依存する割合の高い産業を問うています。また用水量の業種別構成の経年変化を見ることで産業構造の変化や技術水準の向上などの時代背景を理解できます。与えられている選択肢の「紙」「化学」「機械」を順にみていきましょう。

「紙」に関しては、やはり1990年代以降のデジタル化の進展と大きな関係があります。紙需要の減少や電子媒体の利用増加が進んだことで、日本の紙需要は減少傾向にあります。用途別において新聞紙を例に取ってみましょう。

新聞用の紙には「新聞社向け」（新聞社が使用する目的で供給された新聞用紙）の内訳として、「国内払い出し」と「輸入外紙消費量」があります。前者は、国内の製紙会社が生産した新聞用紙を国内市場に供給した量、後者は海外で生産された新聞用紙（外紙）を国内で消費した量をそれぞれ指します。つまり、「国産紙」と「外国産紙」ということですが、「輸入外紙消費量」は2001年をピークに減少傾向に転じ、2010年以降はほとんど輸入していません。

「新聞社向け」の量は、1990年に357万9000tを記録し、その後は横ばいで推移しましたが、2006年の376万4145tをピークに減少傾向に転じ、2016年には292万5628tと300万tを下回り、2022年に186万4065と200万tを下回って、2023年に168万674tとなりました。

新聞用紙だけでなく、印刷・情報用紙（書籍や雑誌の印刷やコピー用紙）も減少傾向にあるため、情報通信技術の発展や、それにともなう紙媒体市場の縮小、そして少子化など構造的な要因が背景といえます。それによって電子書籍の市場規模が年々拡大しており、電子書籍のマンガには、従来の横スクロールだけでなく、スマートフォンに最適化した縦スクロールのものも存在しています。

おかげさまで、私もこれまで数多くの書籍を書く機会を頂いてきましたが、紙媒体だけでなく、電子書籍も同時に刊行するのが基本となってきました。また、拙著『なぜ日本人は戦争音痴なのか』（SYNCHRONOUS BOOKS）は電子書籍版だけの刊行（1コイン500円）であり、確実に時代が移り変わっていることを実感しています。

他には、「板紙（「いたがみ」と読みます）」のような厚い紙は段ボール原紙となるため、近年のeコマースの普及を背景に堅調に推移しています。微増ではありますが、近年増加傾向にあるのが、トイレットペーパーやティッシュペーパー、紙おむつ、生理用品などに使われる「衛生用紙」です。特に紙おむつに関しては、子供用は減少傾向にありますが、大人用が増加傾向にあるため、こんなところでも日本の少子高齢化を実感できます。

「紙」はリサイクル事業も盛んです。新聞や雑誌、段ボールなど、回収された古紙は分別されたあとに細かく裁断され、繊維をほぐすために水と混ぜてパルプに戻します。不純物を除去したあとにパルプ化された繊維を乾燥させて、新しい紙として再生させます。そのため製紙業において、大量の水が使用されています。

特に新聞社や印刷工場などでは、自社で使用した古紙を回収し、

再生紙として利用する循環利用が進んでいて、2023年は「古紙回収率」が81.7%と高く、1990年の49.7%から大きく上昇しています。また繊維原料構成は「古紙」が66.8%、「パルプ」が33.1%となっており、1990年は前者が51.7%、後者が48.3%だったことを考えれば、リサイクル事業が拡大したことが理解できます。よって、年々減少傾向にある(c)を「紙」と判断します。

　続いて「化学」です。**化学産業は、日本の産業基盤を支える重要な分野**であり、その特徴の一つとして「**水使用量が多い**」ことが挙げられます。化学産業が他の産業と比較して、相対的に水使用量の割合が高い理由は、その製造工程の性質に起因します。他の産業では、製品製造における水使用が部分的である場合が多い一方で、化学産業では工程全体にわたり多岐にわたる用途で水が利用されます。具体的には以下の通りです。

1. 冷却：大量の熱を発生する反応の安全な制御。
2. 洗浄：高純度が要求される製品のための装置や原料の洗浄。
3. 溶媒・反応媒：水が直接反応に関与する場合。
4. 排水処理：環境規制に対応するための適切な処理。

　これらの工程の複合的な水需要が、化学産業の水使用量を押し上げています。化学産業では多くの製造工程が「発熱反応」をともないます。特に石油化学や合成樹脂の製造では、化学反応によって生成される熱を抑制するために冷却水が不可欠です。この冷却水の需要が、化学産業全体の水使用量を押し上げる主因となっています。冷却水は循環利用されることが多いものの、設備の安全運転や製品の品質維持の観点から、大量の水を使用せざるを得ません。他業種でも冷却工程は必要ですが、化学産業ほど多様かつ大規模な冷却が求められる分野はありません。

1950年代から1970年代にかけて、日本の石油化学工業は驚異的な発展を遂げました。プラスチック（ナイロン、ポリエチレン）や合成ゴム、化学肥料といった製品の需要が国内外で急拡大したことが背景にあります。これらの製造プロセスでは、冷却水や洗浄水が多用されるだけでなく、溶媒や反応媒としての水も使用されます。例えば、エチレンプラントでは、石油を加熱分解してエチレンを生成するさいに、蒸気クラッキングや精留塔の冷却に大量の水が使用されます。これにより、高度経済成長期における化学産業の発展が、日本の工業用水需要全体を牽引する役割を果たしました。

1973年の第一次オイルショックをきっかけに、省エネルギー化や省資源化が進みました。化学産業も例外ではなく、冷却水や排水の循環利用、効率的な製造プロセスの導入により水使用量を削減しましたが、化学製品自体の需要が安定して高い水準を維持していたため、用水量の割合が大きく減少することはありませんでした。

例えば、プラスチック製品や合成繊維など、日用品や産業基盤に欠かせない化学製品の生産は堅調に推移したこと、またアジア諸国への輸出拡大がさらなる生産量の増加を支えたことも、用水量が維持された理由の一つです。よって割合が最も高い（a）が「化学」と判断します。

残った（b）が「機械」です。

熊本県が半導体産業に有利なワケ

半導体産業では「超純水」が欠かせません。この水は、徹底的に不純物を除去したもので、汚れや化学物質が製品に与える影響を最小限に抑えるため、製造工程での洗浄や化学反応に使用されます。微細な回路を作る半導体製造では、わずかな不純物が致命的なエラーを引き起こす可能性があるため、高純度の水が不可欠です。また、製造装置の冷却にもこの水が利用されます。

こうした技術を支える産業の中で、2022年4月より台湾の半導体受託製造の「台湾積体電路製造（TSMC）」が熊本県菊陽町に工場を建設したことは象徴的な出来事です。その背景には、日本が高品質な半導体材料を供給する強みを持つこと、TSMCの供給体制を安定させるための生産拠点を分散させたいという戦略、そして**熊本がもつ豊富な水資源**に目を付けたことが挙げられます。また、人的資源の確保、九州全体の半導体関連産業の集積といった要素も考えられます。

　熊本が水に恵まれている理由は、阿蘇山と深く関係しています。熊本市は水道水の100%を地下水で賄っている地下水都市であり、それを実現しているのは熊本市周辺地域で年間20億4000万 m^3 の降水量です。そのうち3分の1が大気中に蒸発し、さらに3分の1が有明海に注ぎ、残りの3分の1が森林や草地、田畑などの地下水として涵養されています。阿蘇山はカルデラ（スペイン語で「大釜」）を形成するほどの巨大な火山ですが、27万年前から9万年前にかけて大きな噴火を4度起こしており、このため周辺地域では火砕流が堆積し、その厚さは100mを超えるといいます。これが、降水が地下に浸透して地下水をたたえる地形条件となっています。

　広大なカルデラに降り注ぐ雨水が地層を通じてゆっくりとろ過され、豊富で高品質な地下水として供給されています。この地下水は、清らかでミネラルを多く含むことから「名水」としても知られ、飲料水や農業用水、さらには工業用水として利用されています。

　阿蘇山の自然が生み出す地下水の恵みは、熊本が工業や農業の拠点として選ばれる大きな理由の一つです。熊本は「火の国」であると同時に「水の国」でもあるのです。

　一方で、水は技術だけでなく、機械産業全体を支える基盤でもあります。表面処理や冷却工程において、製品の品質を守り続ける存在として、機械産業でも欠かせない存在です。例えば、自動車

部品の鋳造工程や電子機器の精密加工では、冷却水や洗浄用水が使用され、製品の高精度と信頼性を支えています。1980年代以降、日本の自動車輸出が拡大する中で水の需要も増加し、工場の大規模化とともにさらに多くの水が必要となりました。しかし、水資源は無限ではありません。循環利用や省水技術を活用し、持続可能な生産活動を実現することが求められています。機械産業や半導体製造における水利用の効率化は、環境保全と経済成長の両立という課題に対する重要な考え方です。

2の"当時の"解答例 a−化学　b−機械　c−紙

水使用量は減少傾向

3　表3は、用途別水使用量の変化を示している。これによると、1965年以降の生活用水と農業用水の使用量は増加する傾向にあるが、工業用水だけは、1975年以降減少してきている。工業用水の使用量が減少した理由を、以下の語句をすべて用いて、2行以内で述べよ。

産業構造　循環利用

(単位 億㎥)

年	生活用水	工業用水	農業用水	合計
1965	68	127	500	695
1975	114	166	570	850
1985	143	144	585	872
1995	163	140	585	889

表3　国土交通省資料による。

(3) では、用途別水使用量の変化について問われました。表3より、1965年以降の生活用水と農業用水の使用量は増加傾向にありますが、工業用水は1975年以降減少していることがわかります。

1965年から1995年にかけて、経済成長や産業構造の変化、技術革新といった時代の潮流によって日本の水使用量の用途別構成が変化し、具体的には生活用水や農業用水が増加する一方で、工業用水は減少しています。

まず、生活用水量の増加です。この期間、日本は高度経済成長期を迎え、人口の増加と都市化が進行しました。「三種の神器」の一つに数えられた洗濯機（他に白黒テレビ、冷蔵庫）や水洗トイレの普及に加え、ホテルや飲食店といったサービス業の発展、銭湯に通うのが日常的だった時代から浴室付き住宅の割合が上昇したこともあって、水需要が急速に高まりました。「豊かさ」を象徴するこの水使用の増加は、日本社会が経済的に成熟していく様子を如実に物語っています。一方、農業用水量の増加は、日本の人口増加、生活水準の向上にともなう食生活の多様化、それを支える食料増産の方向性を反映しています。日本人は古くから米が主食であり、稲作には多くの水を必要とします。また、畜産業の成長がさらに多くの水を必要としました。

しかし、工業用水量は1975年以降に減少傾向に転じました。高度経済成長期には鉄鋼や化学工業といった重厚長大型産業が水を大量に使用していましたが、第一次オイルショックを機に、産業構造が軽薄短小型産業へと転換し、省水技術の進展や排水規制の強化により、効率的な水使用が進みました。

この30年間の水使用の変化は、単なる数字の推移ではなく、**経済成長と生活水準の向上、そして持続可能性を意識した技術革新の歴史**といえます。

> **3の"当時の"解答例** 産業構造の転換により、水使用量の多い重厚長大型産業から軽薄短小型産業へと主産業がシフトして水の循環利用が進んだから。（58字）

　そして、以下の表は、国土交通白書2023年で示された1995年以降の数値を追加したものです。「四捨五入の関係で合計が合わないことがある」と注釈がありますのでご注意ください。

　1995年から2019年にかけて、日本の水使用量は生活用水、工業用水、農業用水でそれぞれ異なる変化をたどりました。

年	生活用水	工業用水	農業用水	合計
1965	68	127	500	695
1975	114	166	570	850
1980	128	152	580	860
1985	143	144	585	872
1990	158	145	585	888
1995	163	140	585	889
2000	164	134	572	870
2005	159	126	549	834
2010	154	117	544	815
2015	148	111	540	799
2019	148	103	533	785

　1995年をピークに生活用水は減少傾向にあります。高度経済成長期に普及した洗濯機や水洗トイレといった生活家電は、確かに当時の水需要を押し上げました。しかし、近年では人口減少と少子高齢化が進む中、省水型家電や節水技術が普及し、1人あたりの水使用量が効率化されるようになりました。洗濯機やシャワーヘッドの節水モデルが普及し、限られた資源を無駄なく活用する意識が

広がっています。TOTOのウェブサイトによると、「トイレ1回あたりの洗浄水量（大洗浄）」は1955年に販売された「C150E」が20ℓだったのに対し、2025年時点での最新器である「ネオレストNX」は3.8ℓとなっています。

　工業用水はさらに顕著に減少しています。先ほど産業構造の転換が大きな要因と書きましたが、製造業の海外移転が進み、国内工場の稼働が縮小したことも一つの要因です。同時に、水のリサイクル利用や省水技術が進化し、限られた水資源を効率的に活用する工場運営が一般化しました。

　一方、農業用水も微減傾向にあります。農業従事者の高齢化や耕作放棄地の増加により、農地面積そのものが縮小しています。また、灌漑効率の向上や節水型農業技術の導入が進み、必要な水量が抑えられるようになりました。ただし、農業用水は依然として全体の中で大きな割合を占めており、特に稲作を中心とする日本の農業構造を映し出しています。

　この1995年以降の水使用量の変化は、日本が持続可能な社会を模索してきた歴史そのものといえます。少子高齢化に対応し、グローバル化の中で競争力を維持しながら、省資源・省エネルギーの考え方が浸透してきました。同時に、技術革新によって水資源の効率的な活用が可能となり、環境負荷を軽減する取り組みが進んでいます。

おわりに

　本書を最後までお読みいただき、大変感謝いたします。

　これまで大和書房から刊行した書籍は、どれも毎週発行している私のメルマガから抜粋したものを書籍化したものでした。そこで「一橋大学の入試問題から世界を見る」というテーマで執筆したことがあり、これはこれで非常に面白い内容でしたが、これをヒントにして「東京大学の入試問題から世界を見る」という企画が立ち上がりました。

　普段、「東大地理とは！」と受験生を前に教壇で語る私は、東大地理の出題傾向、それに必要とされる基礎的知識などは理解しているつもりです。東京大学に限らず、入試問題は予め解答が用意されたものであり、「どんな解答を書けば得点できるか？」を考える力が必要です。いわば想像力といえます。一方、「思考力」とは解のない問いに対して最適解を導き出す力を指します。

　そこで本書では、あくまで「東大地理で取り上げられたテーマを出発点として広がる景観を紐解く」ことを主眼とし、想像力と思考力の両輪を意識して執筆しました。地理学の本質は、空間的な広がりと時間的な積み重ねを繋ぎ合わせることにあり、現在を知り、過去を紐解き、未来を想像する学問です。だからこそ、地理学は私たちに「今いる場所」と「これから向かう場所」を考えるきっかけを与えてくれます。

　地理学とは実に面白い学問です。本書を手に取ってくださった皆さまが、この学問の魅力を少しでも感じていただけたなら幸いです。

宮路秀作

● **宮路秀作**/みやじ・しゅうさく

地理講師、日本地理学会企画専門委員会委員、コラムニスト、Yahoo!ニュースエキスパートオーサー。代々木ゼミナールで開講されているすべての地理の講座を担当する「代ゼミの地理の顔」。「東大地理」をはじめとしたレギュラー講座に加え、講師オリジナルの講座である「All About 地理」「やっぱり地理が好き」も全国の代ゼミ各校舎、サテライン予備校に配信されている。最近では、中高の社会科、地歴・公民科教員、塾・予備校の講師を対象としたオンラインコミュニティーを開設。地理教育の底上げを目指して教授法の共有を行っている。

『経済は地理から学べ!』(ダイヤモンド社)が大ベストセラーとなり、地理学の普及・啓発活動に貢献したと評価され、2017年度日本地理学会賞(社会貢献部門)を受賞。2023年にはフジテレビ『風間公親 - 教場0-』の地理学監修を行った。学習参考書や一般書籍の執筆に加え、新聞・雑誌などへも寄稿し、またfoomiiにてメルマガ「やっぱり地理が好き」を発行している。

主著は『ニュースがわかる! 世界が見える! おもしろすぎる地理』『地理がわかれば世界が見える』(いずれも大和書房)、『経済は地理から学べ!』『経済は統計から学べ!』(いずれもダイヤモンド社)、『現代史は地理から学べ』(SB新書)、『現代世界は地理から学べ』(ソシム)、『なぜ日本人は戦争音痴なのか』(SYNCHRONOUS BOOKS)、『マンガで地理が面白いほどわかる本』(KADOKAWA)、『改訂版　中学校の地理が1冊でしっかりわかる本』(かんき出版)、『くわしい中学地理』(文英堂)など。

おもしろすぎる東大地理

2025年2月5日　第1刷発行
2025年7月10日　第2刷発行

著者	宮路秀作
発行者	大和 哲
発行所	大和書房
	東京都文京区関口1-33-4

本文印刷	中央精版印刷	カバーデザイン	山之口正和＋中島弥生子
			(OKIKATA)
カバー印刷	歩プロセス	カバーイラスト	サトウリョウタロウ
製本所	小泉製本	本文デザイン・DTP	原 真一朗(Isshiki)
		図版制作	若松 綾(Isshiki)

©2025 Shusaku Miyaji, Printed in Japan
ISBN 978-4-479-79823-1
乱丁本・落丁本はお取り替えいたします。
http://www.daiwashobo.co.jp/